진로전문가 이 랑 선생님과 청소년 혁준이의
꿈을 찾는 직업여행

미래의 별
나를 만나다

이 랑 · 권혁준 지음

DR
DREAM RICH

좋아하니까 하게 되는 그런 일을 하라.
그러면 성공은 저절로 따른다.
자신이 좋아하는 일을 하는 사람은
누구나 열정과 에너지를 그것에 쏟아붓는다.
자신이 진정으로 하고 싶은 일을 찾아 하는 것.
그것이 가장 중요한 일이다.

노만 빈센트 필

'내 꿈은 무엇인가'에 대한
답을 찾기 바라며

해결해야 할 사회문제가 산적한 세상

태평양에 있는 거대한 쓰레기 섬을 알고 있나요? 캘리포니아와 하와이 사이에 떠 있는 이 엄청난 크기의 쓰레기 섬은 프랑스 영토의 약 3배에 달합니다. GPGP(Great Pacific Garbage Patch)라 불리는 이 '거대 태평양 쓰레기 섬'은 1997년 한 요트조종사에 의해 발견되었습니다. 태평양 주변 국가들에서 떠내려 온 플라스틱 병들과 버려진 낚시 그물, 플라스틱 폐기물들이 바다를 떠돌아다니다 이곳에 모여 엄청난 쓰레기 더미가 된 것이죠.

문제는 바다로 흘러드는 쓰레기 양이 계속 늘면서 쓰레기 섬이 더 빠르게 커지고 있다는 점입니다. 더욱이 쓰레기 섬을 이루는 플라스틱 제품들은 태양과 파도에 의해 점점 작은 알갱이로 변해 결국 먹이사슬의 최상층 포식자인 인간에게 나쁜 영향을 미치게 됩니다. 우리가 먹는 음식과 물이 오염되는 것은 물론이고, 동물의 서식지가 망가지는 등 환경 생태계를 파괴하는 원인이 되는 것이죠.

이처럼 우리 주변에는 인간이 함께 힘을 모아 해결해야 할 문제들이 많습니다. 거대 쓰레기 섬을 이루는 플라스틱의 재활용에 대한 문제라든지, 이제는 날씨 확인만큼이나 중요해진 미세먼지 등도 반드시 해결해야 할 과제 중 하나입니다. 비단 환경문제뿐 아니라, 전 세계적으로 갈등을 빚고 있는 난민문제, 저출산 고령화로 인한 인구의 감소와 도시의 쇠퇴, 세대간 갈등과 경제의 양극화 등 사회적으로 함께 해결해야 할 문제들이 산적해 있습니다. 그리고 이러한 문제들은 미래를 살아갈 청소년들에겐 헤쳐 나가야 할 당면과제가 됩니다.

문제해결 능력이 중요하다

4차 산업혁명 시대를 맞아 많은 미래학자들은 과거와는 다른 능력이 중요하다고 강조합니다. 그중 첫 번째가 '문제해결능력', 바로 복잡한 문제를 정의하고 이에 대한 해결책을 찾는 능력입니다. 앞으로는 어려운 수학문제를 푸는 것보다 주어진 문제의 핵심을 찾아 어떻게 해결할지 다각도로 탐색하는 능력이 더 중요해지는 것이죠. 이런 문제해결 능력은 앞서 언급한 문제들처럼 우리 주변에 해결해야 할 과제들이 무엇인지 정확히 인식하고 정의하는 것에서부터 출발합니다. 그리고 이

과정에서 더 중요한 것을 얻을 수 있는데, 바로 내가 관심 있는 공부의 영역이나 진로를 발견할 수 있다는 점입니다.

- 지구의 쓰레기 문제는 어떻게 해결할 수 있을까?
- 그동안 사람들은 어떤 방법을 시도해왔을까?
- 여전히 심각한 환경문제가 되는 이유는 무엇일까?
- 쓰레기 문제 해결과 관련된 직업에는 무엇이 있을까?
- 그런 일을 하는 사람들은 구체적으로 어떤 일을 할까?
- 내가 환경문제를 해결하는 사람이 되어 보는 건 어떨까?
- 지금부터 나는 무엇을 준비해야 할까?

스스로 문제라고 인식하는 주제에 대해 깊이 탐구하다보면, 문제해결능력이 향상될 뿐 아니라, 더 나은 방법을 찾기 위한 공부를 하게 되고, 그러면서 자연스럽게 남들보다 좋아하고 잘 하는 분야를 발견할 수 있습니다. 우리 모두 생김새가 다른 것처럼, 관심이 가는 분야가 다르고 좋아하는 활동도 다릅니다. 때문에 인생을 어떻게 살아갈지, 어떤 일을 하며 살고 싶은지, 모두 다른 생각을 가질 수 있습니다. 흔히 진로를 발견하기 위해서는 '내가 좋아하는 것과 잘 하는 것'을 찾으라고 말하는데, 이를 위해서는 계속해서 자신의 관심분야를 찾아가는 경험이 중요합니다. 이때 사회적으로 해결해야 할 문제들을 찾아보고 그 안에서 내 역할을 발견하다보면 미래에 내가 무슨 일을 하며 살아야할지 답을 찾을 수 있습니다.

10대들의 창의성이 필요한 시대

한편, 우리 청소년들이 꿈을 펼칠 시대는 지금과는 다른 모습이 될 것으로 전망됩니다. 전통적인 유망 직업이 인기를 끄는 것이 아니라, 새로운 변화에 도전하는 사람이 더 큰 성공을 이루는 시대가 되었습니다. 인터넷이 대중화되고 스마트폰이 처음 등장했을 때만 해도 세상이 이렇게 빨리 변할 거라고 예상하지 못한 것처럼, 지금도 인공지능과 로봇, 가상현실 같은 기술이 우리 생활 속으로 친근하게 스며들고 있어도 10년~20년 후 우리의 일상을 어떻게 바꿔나갈지 상상하기는 어렵습니다. 때문에 창의적으로 사고하고 새롭게 등장하는 기술을 활용하는 능력이 더 중요한 미래능력이 되고 있습니다.

여기서 잠깐 '거대 태평양 쓰레기 섬' 이야기로 다시 돌아가 볼까요? 2017년 초 광고제작자 마이클 휴와 달 데반스 드 알메이다는 UN에 쓰레기 섬을 국가로 인정해 달라는 청원을 하게 됩니다. 국명도 'Trash Isle(쓰레기 섬)'으로 정하고 환경문제에 관심이 많은 미국의 전직 부통령 앨 고어가 이 섬의 1호 국민이 되었습니다. 국기와 여권, 화폐, 우표도 만들었고, 화폐에는 플라스틱 그물에 감긴 바다사자와 갈매기, 쓰레기로 가득 찬 바다를 헤엄치는 고래의 모습이 그려졌습니다.

그런데 쓰레기로 가득한 섬이 어떻게 국가가 될 수 있냐고요? 사실 이 쓰레기 섬 국가는 환경운동의 일환으로 진행된 것이었습니다. 쓰레기 섬의 심각성을 전 세계에 알리기 위한 환경 캠페인이었던 것이죠. 이를 통해 많은 사람들이 이 문제에 관심을 갖게 되었고 해결책을 찾는 데도 동참하는 계기가 되었습니다.

'쓰레기 섬을 하나의 국가로 지정해 전 세계에 환경문제의 심각성을 알린다!' 정말 창의적인 발상 아닌가요? 이후, 더 많은 사람들이 바다 위 쓰레기를 처리하는 실천적인 방법을 고안하기 시작했습니다. 예를 들어, 높이 3m, 길이 무려 100km에 이르는 V자 울타리인 '떠다니는 장벽'은 지금도 엄청난 양의 쓰레기를 수거하고 있습니다.

하지만 이렇게 수거한 쓰레기를 또 어떻게 처리할 것이며, 쓰레기를 근본적으로 줄이기 위한 방법은 무엇이며, 북대서양, 인도양, 남태평양, 남대서양의 다른 쓰레기 섬은 어떻게 할 것인지 등 더 큰 문제들은 여전히 남아 있습니다. 그만큼 우리 십대들이 해야 할 일이 많다는 것이고 창의성을 발휘할 때가 되었다는 것이죠. 환경문제에 관심이 있는 친구들이라면 더욱 그럴 것이고, 특정 문제의 캠페인을 기획하거나 온라인으로 환경문제를 알리는 일들, 또 국제기구에서 전 세계 국가를 상대로 환경문제의 해결책을 찾고 조율하는 일들은 앞으로 우리의 과제가 많은 만큼 사회적으로 꼭 필요하고 유망한 일이 될 수 있습니다.

나만의 재능과 관심사를 찾아라

4차 산업혁명 시대가 되면서 누구나 수학과 과학에만 우수한 성적을 내야 할 필요는 없습니다. 과학기술이 사회변화를 주도하는 수단은 되겠지만, 그렇다고 기술이 전부가 되는 것은 아닙니다. 오히려 기술이 발전하면 우리 주변의 모든 분야에서 기술을 더 쉽게 이용할 수 있고, 다양한 분야에 적용하는 시대가 됩니다. 앞서의 바다 쓰레기를 없애는 데에 드론이나 인공지능이 그 역할을 할 수 있고, 이에 대한 창의적 아이디어는 꼭 수학, 과학을 잘 한다고 해서 가능한 것은 아니니까요. 이럴 때일수록 특별한 나만의 장점을 찾는 것이 더욱 중요합니다. 미디어 플랫폼이 대중화되면서는 누구나 자신의 주제로 방송을 할 수 있고, 자신만의 콘텐츠로 수익을 얻고 사회에 좋은 영향을 미칠 수 있는 시대가 되었습니다. 앞서 환경문제 역시 바다에서 직접 쓰레기를 줍지 않아도 심각성을 홍보하는 방송을 하거나 특정 제품을 만드는 일로도 해결할 수 있습니다. 때문에 자신의 재능과 관심 있는 사회문제를 접목시켜 하고 싶은 일을 찾는 것도 좋은 방법이 됩니다.

앞으로 이런 경향이 더욱 강해질 전망입니다. 그런데 이런 시대에 가장 불행한 사람은 누구일까요? 어쩌면 하고 싶은 일이 없고 즐겁게 매진할 것이 없는 사람들이 아닐까요? 누군가 시켜서 하는 공부보다 스스로 자신의 실력을 향상시켜나가야 하는데, 그때 필요한 것이 내가 좋아하고 계속 관심 갖고 공부할 수 있는 주제입니다. 결국 그것이 내 진로를 정하는데 결정적인 역할을 하고 평생 좋아하는 일을 하며 살아가는 원동력이 됩니다.

미래의 별이 된 멘토들의 진로 이야기

좋아하는 일을 찾고 창의성이나 문제해결능력을 기르는 과정에서 이미 미래의 별이 된 멘토들의 이야기에 귀를 기울이는 시간은 매우 중요합니다. 창의적인 발상이나 창조적인 활동은 아무것도 없는 무(無)의 세계에서 나오는 것이 아니기 때문입니다. 그래서 <미래의 별, 나를 만나다>에서는 시대를 앞서 간 우리시대의 별들에 대한 이야기를 통해 꿈이 없어 걱정하는 십대들이 어떻게 좋아하는 관심주제를 찾고 이를 성공하는 삶과 연결할 수 있는지를 담았습니다. 목표를 찾는 시간, 창의적인 아이디어를 얻고 이를 구체화하는 시간, 그리고 어려움을 극복하는 시간 등 멘토의 발자취와 함께한다면, 내 안에 뜨거운 열정도 발견할 수 있을 겁니다.

이제 모든 것에 도전할 수 있는 세상이 되었습니다. 꿈으로만 여겼던 일들을 실현시켜줄 기술이 더욱 발전하면서 세상은 불가능이 없는 세계로 나아가고 있습니다. 우리 청소년들에게 주어진 단 하나의 숙제, "내 꿈은 무엇인가"에 대한 답을 찾으세요. 곧 꿈을 펼칠 행복한 시간을 만나게 될 테니까요.

2018년 7월 이 랑

열다섯 분 멘토들이 들려주는
지혜와 감동을 함께 해요

저는 호기심 많고 모험과 도전을 두려워하지 않는 청소년입니다. 4년 전, 제 생애 첫 책인 <우리들의 별을 만나다>는 중학교 1학년 때 수행했던 진로 찾기 과제를 계기로 시작되었습니다. 유명한 셰프님을 인터뷰하면서 그 분의 일에 대한 사랑과 열정에 큰 감동을 받고, 여러 친구들과 이런 기회를 나누면 얼마나 좋을까 하는 생각으로, 꿈의 멘토들을 찾아 직접 인터뷰한 생생한 내용을 책으로 엮었습니다. 그 결과, 청소년 권장도서에 선정되는 영광을 안았고 그간 많은 독자들의 뜨거운 성원을 받으며 가슴이 벅차올랐습니다. 특히 이 책을 읽고 진로 찾기에 많은 도움이 되었다는 이야기를 들을 때면 정말 기뻤습니다.

그 감동을 이어가고자 다양한 분야에서 왕성하게 활동하고 계신 열다섯 분의 직업인 멘토들을 직접 인터뷰하여 <미래의 별, 나를 만나다>를 만들었습니다. 그분들의 청소년 시절과 꿈을 찾게 된 이야기, 시련을 극복하면서 더 단단히 꿈을 이루는 과정은 저 뿐만 아니라 많은 친구들에게 지혜와 용기를 줄 것입니다.

2018년 7월 권혁준

차례

프로야구 선수 이승엽

진정한 노력은 배신하지 않는다

국민투수가 되고 싶었던 어린 시절

지난 23년간 야구 선수로서 수많은 기록을 세운 이승엽 선수! 국민타자, 라이온킹, 홈런왕 등으로 불리며 야구를 향한 끈기와 집념으로 그라운드의 전설이 되었다. 청소년의 롤모델로 중학교 교과서에도 실린 만큼 열정적인 삶을 걸어온 이승엽 선수를 만났다.

청담동 C카페, 큰 키에 건장한 체격의 이승엽 선수가 성큼성큼 걸어들어왔다. 오랜 팬으로서 두근거리는 마음으로 기다리던 우리들에게

대구중앙 초등학교 시절, 중심 타자로 활약했던 이승엽 선수.

이승엽 선수는 밝고 활기찬 모습으로 인사를 건넸다. 덩달아 즐겁게 각자 소개를 마친 우리들은 동네에서 친구들과 야구 놀이를 하던 어린 소년의 이야기에 귀를 기울이기 시작했다.

이승엽 선수는 어린 시절부터 오로지 야구 선수가 꿈이었다고 한다. 야구를 처음 접한 건 7살 무렵. 텔레비전에서 빠르게 공을 주고받는 야구 중계를 보면서 야구의 매력에 사로잡혔다. "야구가 너무 좋았어요. 학교에서 장래 희망을 쓸 때 의사, 판사, 선생님 같은 직업을 많이 쓰잖아요. 저는 야구 선수라고 써냈죠. 한 번도 다른 직업을 생각해본 적이 없어요."

친구들과 동네 야구를 하면서 꿈을 키우던 이승엽 선수는 1986년 초등학교 4학년 때 대구시 멀리던지기 대회에서 입상하면서 중앙초 야구 감독의 권유로 야구를 시작했다. 그땐 국민타자가 아니라 국민투수가 되고 싶었다. 어릴 적 꿈도 '왼손 박철순(OB 베어스 오른손 투수)'이었다. 처음 야구 선수가 되겠다고 하자 부모님의 반대가 심했다. 그때만 해도 운동선수는 공부를 못하거나 춥고 배고픈 아이들이 한다는 인식이 퍼져있었기 때문이다. 하지만 야구를 정말 좋아하는 아들의 고집을 꺾을 수는 없었다.

야구 선수가 된 다음에는 프로야구 선수를 꿈꾸었고 그다음엔 국가대표, 그다음엔 외국 진출로 차츰 자신의 꿈을 키워나갔다.

팔꿈치 부상을 딛고 국민타자가 되다

정통 좌완 투수로 성장한 이승엽 선수는 고교 야구를 평정했다. 경북고 2학년이던 1993년 청룡기 전국고교야구대회에서 팀을 우승으로 이끌고 우수투수상을 받았다. 1995년에는 고졸 신인으로 삼성라이온즈에 입단했다. 그런데 곧 문제가 생겼다. 팔에 있는 굽은 뼈 사이로 뼛조각이 자랐고 이 때문에 앞으로는 팔이 완전히 펴지지 않을 것이라는 진단을 받았다. "어머니께서 제 굳은 팔을 풀어주려고 중1 때부터 고3 때까지 6년간 하루에 두 번씩 찜질을 해주셨는데, 더 이상

팔이 말을 듣지 않았어요." 결국 왼 팔꿈치의 뼛조각 제거 수술을 받고 그토록 원하던 투수의 꿈을 접을 수밖에 없었다. "탁월한 선택이었죠. 그때 포기하지 않고 타자로 전향했기에 지금의 제가 있다고 생각해요."

그때부터 누구보다 먼저 경기장에 나와 훈련했다. 타자로 늦게 시작한 만큼 남들보다 더 많이 쳐야 한다고 생각했기 때문이다.

타고난 체격과 손목의 강한 힘, 돌아가는 LP판 레이블의 글자를 읽을 정도로 뛰어난 동체시력(動體視力), 거기에 새벽까지 땀을 흘리는 성실함까지 더해지자 실력도 쑥쑥 늘었다. 프로 데뷔 첫해인 1995년 13개 홈런을 치고, 3년 차 되던 1997년엔 32 홈런을 기록하며 최연소 홈런왕에 올랐다.

기록은 계속되었다. 1999년 8월 2일 롯데와의 경기에서 43호 홈런을 치며 시즌 최다 홈런을 기록했다. 한국 신기록이었다. 굽은 왼쪽 팔로 최고의 위치에 오른 것이다. "어차피 팔이 굽어서 죽을 때까지 펴질 수 없다면 인정해야죠. 팔이 굽었기 때문에 다른 선수들보다 공을 쳐서 멀리 보내기가 어려울 거라고 생각했어요. 그래서 연습을 더 열심히 했습니다. 힘들더라도 이겨내자는 생각이 간절했죠."

팔이 굽었기 때문에 원망하거나 화가 난다거나 방황을 한 것이 아니라 굽은 팔을 극복하기 위해 더 열심히 연습했다는 말이 무척 인상 깊었다.

"사람들은 누구나 다 노력한다고 해요. 그런데 어떤 마음으로 노력하

느냐가 더 중요하죠. 하기 싫은데 어쩔 수 없이 하면 능률이 오르지 않
잖아요. 어차피 할 거면 지금 갖고 있는 모든 걸 담아서 연습해야 해
요. 진정한 노력은 배신하지 않거든요.”

혹독한 연습 벌레

이승엽 선수는 성적이 좋다고 안주하지 않고, 최고였을 때 더 최고가
되고 싶었다고 한다. 그래서 타격폼을 수시로 바꾸었다. “좋은 시즌을
보내면 투수들이 저에 대해 연구를 합니다. 다음 시즌에도 같은 몸과
마음으로 들어가면 실패할 확률이 더 높아지죠.”

1999년에는 54개 홈런으로 한국 프로야구 최다 홈런 기록을 세우며
돌풍을 일으켰다. 그때가 23세였다. 이승엽 선수가 친 홈런볼을 잡고
싶은 사람들이 너도나도 잠자리채를 가지고 야구장에 와서 잠자리채
열풍까지 일으켰다. 얼마 지나지 않아 시즌 56호 홈런을 쳤다. 아시아
신기록이었다. 일본 프로야구 전설로 꼽히는 왕정치(오사다하루)의 아
시아 홈런 신기록(55개)을 갈아치운 것이다.

이승엽 선수는 2004년 미국 메이저리그 진출을 고민하다가 일본행을
택했다. “안 간 것 반, 못 간 것 반이었죠. 연봉과 주전 보장 같은 문제
를 두고 야구 인생의 자존심을 지키고 싶었어요.”

일본 진출 첫해 롯데 마린스에서 홈런이 14개에 그치며 부진했지만,

이듬해에는 30개 홈런을 치며 부활했다. 당시 롯데 마린스 코치였던 김성근 감독 지도 아래 매일 400~500번씩 타격 연습을 혹독하게 했다고 한다. 손바닥에 피가 나면 자전거 줄로 묶어 스윙 연습을 하고 또 했다.

2006년엔 일본 국민 절반 이상이 팬이라는 요미우리 자이언츠에 입단했다. 그해 4번 타자로 뛰면서 41개 홈런을 때렸다. 당시 일본에선 요미우리 4번 타자 자리를 한국인에게 빼앗긴 것을 굉장히 가슴 아파하는 분위기였다. 그만큼 견제가 심했다. 상대 투수는 이승엽 선수의 머리나 옆구리를 향해 자주 공을 던졌다. 홈런이나 안타가 파울이나 아웃 판정을 받은 적도 있었다. 당시 우리 해설자들은 "이승엽 선수는 매 경기 한일전을 치르고 있다"라고 했다.

인생의 반환점이 된 2군 생활

하지만 불행히도 예상치 못한 슬럼프가 왔다. 손가락에 부상을 입었는데, 금방 낫겠지 했는데 그렇지 않았다. 결국 손가락 수술을 받았지만 통증이 심해 타격을 제대로 할 수 없었다. 위축되었고 성적은 바닥으로 내려갔다. 2008년 결국 2군으로 내려갔다. 야구 인생 최악의 상황이었다. 하지만 이승엽 선수는 변하지도 느슨해지지도 않았다. 대우가 안 좋아졌지만 2군 선수들과 똑같이 연습했다. 자신을 강훈련에 밀어 넣으며 할 수 있는 모든 노력을 했다. "더 이상 물러설 수 없다고 생각했어요. 수술하고 손에 붕대를 감은 상태에서도 붕대를 감지 않은 부위로 운동을 계속했다. 슬럼프가 길어지며 고통의 시간도 길어졌다. "남들이 볼 때는 야구를 포기해야 하지 않을까 할 정도로 슬럼프의 기간이 길었어요. 하지만 야구를 전혀 포기하고 싶지 않았고 어떻게든 이겨내야 된다고 생각했어요."

이승엽 선수는 한국에서는 그리 큰 실패를 한 적이 없었지만, 일본 선수 생활 8년 동안 2~3년은 성공한 시즌, 나머지는 실패한 시즌이었다고 회고한다. 일본에서 슬럼프를 이겨내려고 갖은 연습을 다 했지만 잘 되지 않았다. 한국에 돌아와서 슬럼프가 왜 왔는지 원인을 차근히 찾아보고 해결책을 강구한 후에야 비로소 슬럼프에서 벗어날 수 있었다고 한다. 코치가 아무리 훌륭해도 결국 선수 자신이 공감할 수 있는 방법을 찾아야 슬럼프를 극복할 수 있다는 것을 배웠다.

"일본에서의 실패가 없었다면 야구가 재미없어 빨리 은퇴했을지도 몰라요." 이승엽 선수는 일본에서 겪은 2군 생활이 야구 인생의 반환점이 되었다고 한다. "정말 많은 걸 느낀 시간이었어요. 2군에 있으면서 1군 경기를 한 번도 못 뛰고 은퇴하는 선수들을 많이 봤죠. 그러면서 사람을 대하는 태도도 달라졌어요. 저는 야구뿐만 아니라 인생에서도 정말 우물 안 개구리였던 거죠. 그때 이후 경기에 임하는 자세가 정말 달라졌습니다. 더 성실하고 부지런한 성격으로 바뀌었죠. 일본에서 얻은 교훈을 오래도록 잊지 못할 것 같아요."

한국 야구의 위상을 드높인 홈런왕

이승엽 선수는 2011년 시즌을 마치고 다시 삼성라이온즈로 돌아왔다. 은퇴할 생각도 했지만 야구가 정말 좋아서 그대로 그라운드를 떠날 수는 없었다고 한다. 하루 24시간 야구에 몰입해보자는 각오로 준비한 결과 복귀 첫해인 2012년 21개 홈런을 쳤고, 한국시리즈에서 MVP를 처음 수상했다.

"야구는 몸으로 하는 운동이기에 연습과정이 무척 힘들어요. 하지만 좋은 성적을 올렸을 때의 행복은 그 무엇에 비할 수 없이 크죠. 그래서 항상 이 고비를 넘기면 더 좋은 길이 열릴 것이라는 긍정적인 생각으로 연습했습니다."

이승엽 선수는 2008년도 베이징 올림픽 경기를 '인생에서 가장 잊을 수 없는 경기'로 꼽았다. 당시 일본팀에서 슬럼프를 겪고 있을 때였다. 2007년 손가락 부상으로 수술을 받고 제대로 재활치료를 받지 못한 채 시즌에 들어가 성적이 좋지 않았다. 제 컨디션이 아니었지만 올림픽 경기에 참가해달라는 요청이 들어왔다. 일본에서 뛰고 있었기에 우리나라 국민들의 기대가 컸다.

공항에서 기자들 앞에서 "저는 죽지 않았습니다. 이번 대회를 통해서 다시 한 번 최고의 선수라는 소리를 듣도록 정말 최선을 다하겠습니다."라고 말했다. 그런데 예선에서 22타석 3안타, 부진은 계속 되었다. 마침내 4강전, 한국 대 일본, 이승엽 선수의 기록은 좋지 않았다. 2회

2008년 베이징 올림픽 한국 대 일본전에서 이승엽 선수가 역전 투런 홈런을 친 뒤 기뻐하고 있다.

말 삼진, 4회 말 병살타, 6회 말 삼진. 8회 말 네 번째 타석에 올랐다. 절박한 심정으로 오른 마지막 기회였다. 결과는 홈런! 역전승을 만들어낸 홈런이었다. 결국 한국 팀은 결승에 진출했고, 올림픽 사상 처음으로 금메달을 땄다. 한국 야구의 위상을 높여주고 싶었던 꿈을 이룬 것이다.

"그 홈런은 제 인생 홈런이 되었어요. 제가 은퇴할 때까지 9년 동안 운동할 수 있게 해준 힘이 되었다고 할까요? 그때 홈런을 못 치면 죽는다는 생각을 했어요. 만약 패했다면 한국 야구 후배들에게 빚진 마음으로 살았을 겁니다. 홈런을 친 뒤 뜨거운 눈물을 주체할 수 없었어요. 그동안 미안한 마음이 한 번에 다 빠져나가는 기분이었죠."

이승엽 선수는 어린 나이부터 언론의 스포트라이트를 받으면서 심리적인 부담감이 컸다고 한다. "제 실력에 비해 관심을 많이 받았다고 생각해요. 제 홈런 하나, 안타 하나 때문에 팀의 사기가 좌지우지되다 보니 책임감이 커졌죠. 베이징 올림픽 경기에서도 중심 타석이라는 막중한 포지션을 맡아서 제가 못 치면 진다는 압박감, 절박감이 굉장히 심했어요. 그때 홈런을 못 쳐서 팀이 졌다면 이렇게 한국으로 못 돌아왔을 거예요. 아마 숨어서 살았을지도 몰라요. 2000 시드니올림픽에서도 3진을 연속으로 당했지만 마지막 타석에서 안타를 쳐서 이겼어요. 중간에 힘들어도 포기하지 않았기 때문에 가능했던 일이었죠. 그런 상황을 만들어준 동료들의 역할도 컸고요. 주인공은 함께 했던 후배들인데 저보다 스포트라이트를 적게 받아서 미안합니다."

목표를 향한 끊임없는 노력으로 성공 일궈

이승엽 선수는 KBO 리그 역대 통산 최다 467홈런, 시즌 최다 56홈런, 최다 5차례 홈런왕 등 어마어마한 기록들을 만들어왔다. 그것을 가능하게 했던 것은 인내와 성실성, 목표를 향한 끊임없는 노력이었다고 한다.

긴 운동선수 생활 중 슬럼프에도 여러 번 빠졌었다. 그럴 때는 훈련으로 극복했다고 한다. "훈련 방법에는 첫째 지칠 때까지 연습하는 것과 둘째 소나기도 피해 간다고 잘 안될 때는 쉬어가는 방법, 이렇게 두 가지가 있어요. 첫 번째 방법은 열심히 했다는 생각에 몸은 너무 힘든데 맘이 편해지니까 잠을 푹 잘 수 있었어요. 두 번째는 연습을 안 해서 몸은 너무 편한데 맘 한구석은 불안해져서 잠을 이루지 못했어요. 저는 첫 번째 훈련 방법을 주로 했어요. 후배 선수들에게도 두 번째 방법은 버리라고 말하고 싶어요. 마음이 편한 건 잠깐이기 때문이죠."

이승엽 선수의 야구사랑은 시각장애인 공민서 군에게 소중한 추억을 선사하기도 했다. 공민서 군은 야구를 굉장히 좋아하지만 시각장애인이기에 마음으로만 느껴야 했다. 한 방송에서 그런 민서 군을 야구장에 데려가 달라는 요청을 받았다. 이승엽 선수는 흔쾌히 받아들여 민서 군을 경기장에 데려가 함께 시구를 했다. "막 뛰어다닐 나이에 앞을 못본다니 가슴이 너무 아팠어요." 민서 군은 그날 꼭 홈런을 쳐달라는 부탁을 했다. 사실 그 해에는 성적이 별로 좋지 않았지만, 이승엽 선수는 최선을 다해 홈런을 쳤다. 비록 팀은 그 경기에서 패배해 언론 앞에서는 표정관리를 해야 했지만 민서 군에게 약속을 지켜서 굉장히 뿌듯했다고 한다.

이승엽 선수가 2017년 은퇴식에서 권영진 대구시장으로부터 감사패와 함께 동판 액자를 받고 있다.

따듯한 사연은 또 있다. 2016년 올스타전 경기 때였다. 병마와 싸우고 있는 한 소년이 이승엽 선수와 캐치볼을 하고 싶다는 요청이 PBO를 통해 들어왔다. 이승엽 선수는 그 아이와 캐치볼을 한 뒤 소식을 듣지 못했다. 그런데 2017년 수원 경기장에 그 소년이 야구 유니폼을 입고 찾아와 어려운 병을 이겨내고 야구 선수의 꿈을 키우고 있다는 소식을 들려주었다. "야구가 그 아이의 회복에 도움이 되었다니 정말 기뻤어요. 우리 아이들에게서 긍정적인 꿈과 희망을 본 순간이었죠." 이승엽 선수는 그 아이에게 사인볼과 손목밴드를 선물했다.

롤모델로는 우리나라 야구의 영웅, 삼성라이온즈의 이만수 선수를 꼽는다. 이승엽 선수가 삼성라이온즈에 처음 투수로 입단했을 때 이만수 선수와 18살 차이가 났다. 우상으로 여기던 이만수 선수와 한 팀에서 뛴다는 것만으로도 꿈만 같았던 기억이 지금도 생생하다고 한다.

과정에 충실하면 마지막엔 웃을 수 있다

야구에 대한 열정이 남다르고 아쉬워하는 사람들도 많지만 이승엽 선수는 2017년 은퇴를 했다. 사실 은퇴를 빨리 한 것은 아니다. 평균적으로 보면 5~6년 더 길게 뛰었다. "홈런 치고 안타 칠 때마다 박수받으면서 짜릿하게 느끼던 감동이 정말 좋았어요. 이제 화려한 조명을 받으며 그라운드에 더 이상 설 수 없다는 것이 아쉽긴 하지만 한편으론 홀가분하기도 해요."

이승엽 선수는 우리나라 야구 선수로서는 최초로 은퇴 투어 경기를 벌였고 마지막 은퇴 경기도 화려하게 장식했다. 148Km의 패스트볼을 받아쳐서 홈런을 치고 연이어 두 번째 타석에서도 홈런을 날려 연타석 홈런 기록을 세운 것이다. 팬들은 이승엽 36의 백넘버를 흔들며 야구

장이 떠나가도록 환호했다.

자신이 좋아하는 야구를 하고 어렸을 때 꿈이었던 프로야구 선수가 되어 좋은 모습으로 은퇴를 할 수 있었기에 정말 행복하다고 말한다. 또한 모든 분들께 감사드린다는 이승엽 선수의 표정이 넉넉하고 깊었다.

자신의 꿈을 이루는데 부모님, 선생님, 선배님, 동료들의 힘이 컸다고 겸손의 말도 잊지 않는다. "초등학교 시절에 야구 선수가 되기 이전에 사람이 되라는 말을 많이 들었어요. 야구보다 야구 도구를 귀하게 여기지 않으면 굉장히 혼났습니다. 특히 야구 배트가 잘 못 놓여 있으면 배트를 잘 세워놔야 했고 야구공을 발로 차거나 하면 안 된다고 배웠어요." 아버지는 "야구를 못하는 선배들에게 인사를 더 잘하라"면서 말과 행동을 조심스럽게 하라고 가르쳤다. 부모님은 매우 엄격한 편으로 항상 예의와 성실함을 강조했고, 삼성라이온즈에 처음 들어갔을 때 집과 가까웠지만 운동에 집중할 수 있도록 기숙사 생활을 권했다. 그 덕분에 좋은 커리어를 착실히 쌓을 수 있었다고 한다.

은퇴 후 재단 설립과 KBO 홍보대사 업무로 바쁜 나날을 보내고 있다. "어린이들에게 꿈과 희망이 될 수 있는 재단이 되도록 최선을 다 할 거예요. 재단 이사와 사무국장이 저보다 나이가 어리지만 서로 협조해서 잘 이끌어나가고 싶어요. 그리고 우리나라 야구계에 도움이 되는 일이라면 언제든지 발 벗고 나설 각오가 되어 있습니다. 선수로서 은퇴했지만 평생 야구를 떠나고 싶지는 않아요. 야구는 제 가족만큼 소중한 존재거든요."

야구선수가 꿈인 친구들에게 잘 먹고 잘 자고 체력을 먼저 키워야 한다고 조언한다. "야구는 빠른 공을 던지고 받아쳐야 하니까 무엇보다 힘이 필요해요. 인스턴트식품보다는 달걀, 두부, 우유, 생선 등 몸에 좋고 힘을 쓸 수 있는 음식이 도움이 됩니다. 중고등학생 선수들을 보면 프로 선수들이 쓰는 선글라스나 유명 브랜드 장갑 등을 끼면서 멋을 부리려는 학생들이 있어요. 제 생각에 학생은 학생다웠으면 좋겠어요. 아마추어의 순수한 마음을 지켰으면 하는 바람입니다. 그리고 운동한다고 너무 운동에만 집착하지 말고 친구들도 만나고 공부도 열심히 해야 해요. 그 나이 때 느낄 수 있는 감정, 해보고 싶은 일을 충분히 다 해봤으면 좋겠어요. 운동만 하면 사교성을 기르기 어렵고 사람 만나는 방법이 미숙할 수 있어요. 승부는 프로에 가서 겨루면 돼요. 아마추어는 그보다 과정이 중요하죠. 과정에 충실하면서 최선을 다한다면 마지막에는 웃을 수 있을 거예요."

이승엽 선수가 살아온 시간을 돌이켜보면 노력의 결과가 조금 늦게 올 수는 있지만 반드시 좋게 온다고 믿게 된다. 인내와 투지, 겸손과 절제, 배려와 감사가 어우러진 이승엽 선수에게 깊은 감동의 박수가 절로 나왔다.

Interviewer 권혁준, 김수현, 박건우, 박도윤, 이채린

PROFILE

이 승 엽 영남대학교 스포츠과학대학원, 성균관대학교 대학원에서 체육학과 스포츠마케팅학을 공부했다. 1995년 삼성라이온즈에서 프로야구선수로 데뷔한 뒤 홈런왕, 국민타자로 등극했다. 2006년부터 2010년 까지 일본 요미우리 자이언츠 팀에서 선수생활을 한 뒤 2011년 다시 삼성라이온즈로 돌아와 2017년 은퇴했다. 2006 베이징올림픽에서 역전 홈런을 날려 국민들에게 큰 감동을 주었다. 현재 KBO 홍보대사, 이승엽 야구장학재단 이사장을 맡고 있으며, 한국시리즈 MVP, 도쿄돔 MVP, 한국언론인연합회 선정 자랑스런 한국인 대상을 수상했다.

프로야구 선수

Who

**무슨 일을 할까
궁금해**

프로야구 선수는 야구를 직업으로 하는 선수들이에요. 이들은
기업에 소속되어 있으며 승부와 흥행을 목적으로 경기를
펼치면서 사람들에게 감동을 선사하는 직업이죠. 야구를
좋아하는 어린이들이라면 한번쯤 꿈꾸어 보았을 직업이지
않을까 싶어요. 프로야구 선수는 경기력 향상을 위하여
운동선수트레이너나 운동선수코치의 지시에 따라 연습을 하고
부족한 부분을 메우기 위해서 개인연습도 열심히 해야 해요.
경기 전에는 입수된 상대팀의 전력을 분석하고 경기 중에는
경기규칙이나 심판의 지시에 따라 시합을 해야 하죠. 또한
운동감독이나 운동선수코치의 지시에 따라 경기를 펼쳐요.

**프로야구 선수의
절대 '매력'**

무엇보다 좋아하는 야구를 실컷 할 수 있어 즐거워요. 경기에
이기고 많은 관중들이 환호할 때면 세상을 다 가진 듯 기쁘죠.

**쉬운 일은 없어!
알아둬야 할
프로야구 선수의
세계**

프로의 특성상 선수 간 실력 차에 따라 '부익부 빈익빈'이
극명하게 드러나요. 또한 높은 수준의 체력을 요구하기
때문에 현역 선수로 활동할 수 있는 기간이 일반 직업에 비해
제한적이에요. 좋은 훈련태도와 성실함 없이는 프로에서
살아남기가 어려워요. 프로무대에 진입했다고 해서 끝이
아니거든요. 1군으로 진입하기 위한 무한경쟁에 돌입해야 하는
데요, 오랜 기간 2군에서 어려움을 이겨내고, 1군에서 실패의
경험도 맛보면서 야구에 대한 절실함을 갖고 꾸준히 노력하는
선수들이 결국에는 성공하게 되죠.

★★★

─── *How* ───

**프로야구 선수가
되려면?**

야구를 정말 좋아해야 해요. 보통 야구 선수에게 인터뷰를 하면
야구를 시작하게 된 계기가 부모님과 함께 야구장에 다니면서
야구를 좋아하며 '직접 해 보고싶다'라는 마음이 생기면서
부터라고 해요. 이렇듯 야구에 대한 애정이 있어야 프로야구
선수로서 성공할 수 있겠죠? 야구는 보통 초등학교 야구단 및
리틀야구단 소속으로 활동을 하며 시작합니다. 그 후 야구단이
있는 중, 고등학교에 입학하여 실력을 쌓는데요. 고등학교 졸업
혹은 대학교 졸업 때 프로야구 신인지명을 통해 각 구단으로
선발되면 프로야구 선수로 활약할 수 있어요. 그런데 전체
야구선수 중 프로무대로 진입하는 선수들은 극소수라고 해요.
그만큼 실력과 재능이 뒷받침 되지 않으면 성공하기 힘들어요.

**관련
전공학과는?**

프로야구 선수가 되는 데 특별한 학력 제한은 없어요. 초등학교나
중학교 야구부 지도자에 의해 발굴되어 야구를 시작하는 경우가
많죠. 고등학교를 졸업하고 바로, 또는 대학에서 체육 관련
학과로 진학하여 학교 야구 선수로 활동한 후 프로나 실업팀,
외국으로 진출해요.

**미래 전망은
어떨까?**

프로야구는 프로운동 중 가장 인기가 많은 종목이며, 해마다
최고의 관중이 경기를 관람하고 있어요. 프로야구 구단 수가
한정되어 있어, 매년 적은 수의 선수를 선발하고 있지만
향후 야구에 대한 저변이 확대된다면 더 많은 구단이 창단
되어 프로야구 선수의 일자리는 다소 증가할 거예요. 앞으로
메이저리그, 일본 리그 외에도 중국, 호주, 중남미 등으로 진출할
수 있어요.

힙합뮤지션 타이거 JK

하고 싶다면
지금 당장 시작하는 거야

가요의 주류 대열에 합류한 힙합

"They say 항상 밝게 웃는 나, 아픔 따윈 모른대. 내 맘은 울고 있는데, Oh But I Say 밝게 웃는 내 맘속엔, 어두운 그늘에 가려진, 난 그런 내가 싫지만, 슬픈 내 맘은 웃게 될 거야."

한국 힙합의 거장, 타이거 JK의 곡 '살자'의 노랫말이다. 이 노래를 따라 부르면 맘속 깊은 말들을 털어놓는 것 같아 답답했던 마음이 후련해지곤 한다. 이것이 힙합의 매력 아닐까? 어른들에겐 어떨지 모르지만 우리들에게 힙합은 친구 같은 음악이다.

힙합은 청소년층의 인기를 넘어서 이제 우리 가요의 주류 대열에 들어섰다고 평가받고 있다. 거의 모든 아이돌 가수들이 힙합을 사용하고 있고, '쇼미더머니', '고등래퍼', '언프리티 랩스타' 등 힙합 경연 방송 프로그램들이 열풍을 더하고 있다.

그런데 힙합은 단순히 음악만을 이야기하는 것은 아니라고 한다. 뉴욕의 범죄가 만연했던 빈민가 흑인들이 싸우지 말고 서로를 보호하자는 차원에서 시작한 길거리 놀이문화가 힙합이다. 랩은 이러한 힙합의 한 부분이다. 뉴욕 빈민가 거리에서 디제이가 디스코 음악의 비트 빠른 간주 부분만 골라 틀어주면 사람들이 모여서 춤을 추곤 했는데, 아무 말 없이 비트만 계속 나오면 지루하니까 디제이가 재미있게 말을 붙이기 시작한 것이 랩으로 발전했다. 힙합은 비트 빠른 리듬에 맞춰 자기 생각이나 일상의 삶을 이야기하는 랩을 비롯해, 격렬한 동작의 브레이크 댄스, 비보이, 길거리 낙서도 모두 포함한다. 1990년대 들어 힙합은 전 세계 청소년들을 중심으로 음악은 물론 패션과 액세서리 등 여러 부문에서 보다 자유롭고 즉흥적인 하나의 스타일을 만들어냈다.

뮤지션 가정에서 태어난 힙합의 전설

대표적인 힙합 가수를 꼽으라면 커티스 블로, 그랜드마스터 플래시,

힙합그룹 MFBTY의 공연 장면. 왼쪽부터 Bizzy, 윤미래, 타이거JK.

RUN-DMC, 에릭 B. 앤드 레이킴, 엠시 해머, 퍼프 대디 등. 우리나라에는 타이거 JK만큼 오랫동안 명성을 떨치고 있는 전설적인 래퍼도 드물다. 의정부의 작업실에서 만난 타이거 JK는 "제발 전설이라는 명칭을 사양하고 싶다"라고 하지만 그 묵직한 존재감을 달리 설명할 다른 말이 쉽게 떠오르지 않는다.

오랜 시간 긴 머리에 수염을 길렀던 타이거 JK는 짧게 자른 머리에 모자를 푹 눌러 쓴 모습이었다. 전날의 밤샘 음악작업에 지칠 만도 한데, 반짝이는 눈빛 특유의 카리스마는 단박에 우리들을 사로잡았다.

타이거 JK는 태생부터 음악과 관련이 깊었다. 아버지 서병후님은 잡지사 연예부 기자 출신으로 미국 음악잡지 빌보드의 한국 특파원을 지내기도 했으며 한국 최초의 팝칼럼니스트로 활동했다. 어머니 김성애님은 그룹 '와일드캣츠'의 리더였다. 한마디로 뮤지션 가족인 셈이다.

"어렸을 때 엘피판이 집안을 다 채울 정도로 많았어요. 부모님은 항상 음악을 틀어놓으셨죠. 공부에 관심 없던 제게 아버지는 팝송 내용을 번역해서 말씀해주시곤 하셨어요."

초등학교 때 부모님을 따라 미국으로 이민을 떠나 학창시절을 보냈다. 아들을 남자답게 키우고 싶었던 아버지는 타이거 JK를 삼촌이 있는 마이애미로 보냈다. 당시 삼촌은 마이애미에서 태권도 도장을 운영하고 있었는데 이를 계기로 태권도를 좋아하게 되어 태권도 선수를 꿈꾸었다.

타이거 JK는 한국인에 대한 편견이 싫어서 한국인이 잘 하는 것을 일부러 하지 않았던 소년이었다. 예컨대 학교에서 한국인이 잘 하는 수학도 일부러 F학점만 맞을 정도로 저항심이 컸었다. 그렇다고 문제아는 아니었다. 가슴속에서 폭발하는 열등감을 운동으로 극복했다. 매일 새벽 5시 30분이면 일어나 오로지 태권도에 몰입했다. 다른 친구들처럼 술, 담배를 입에 대는 일은 전혀 하지 않았다.

"플로리다 주니어 챔피언이 되었어요. 당시 미국에서는 '파워레인저'같은 영화가 유명했는데 엑스트라를 많이 필요로 했죠. 연기자가 되고 싶으면 태권도를 배워야 하는 분위기여서 미국 현지 연기자들에게 태권도 과외를 많이 했어요."

고등학교 때 학교에 태권도부를 만든 타이거 JK는 친구들에게 태권도를 가르치기 시작했다. 여러 인종의 친구들을 두루 사귀게 된 타이거 JK는 백인 친구들과 다닐 때와 달리 유독 흑인친구와 다닐 때면 경찰의 단속에 자주 걸렸다고 회상한다.

"미국의 인종차별 문화에 대해 친구들과 토론도 많이 하고 불평하던 와중에 경찰을 욕하는 랩을 듣고 희열을 느꼈어요. 노랫말 속에 욕이 들어가니 어린 마음에 재미있기도 하고 짜릿했죠. 그동안 친구들끼리 하던 말들 그대로 가사가 될 수 있다는 것이 놀라웠어요."

힙합에 관심을 느껴 어떤 음악인가 찾아보니 그 뿌리가 굉장히 깊었고 사람, 정치, 파티 등 다양한 주제에 대한 표현 방법에 재미를 느끼게 되었다. 평소 가지고 있던 억울한 감정이 고스란히 실려 있는 힙합을 자주 따라 부르면서 랩에 점점 빠져들기 시작했다.

1992년 LA에서 흑인 폭동이 일어났다. 백인들이 흑인들을 인종차별 해 일어난 폭동이었지만 평소에 감정이 좋지 않았던 한국인들 역시 피해를 보게 되었다. 그런 시대적인 배경 속에서 흑인 아이스큐브는 (ICE CUBE)는 'Black Korea'라는 노래로 한국인을 비하했는데 너무 분했다. 그래서 역사 시간에 논문을 발표하는 대신 음악을 틀고 그 노래 가사를 반박하는 랩을 했다. 의미가 있었는지 학교에서 상을 받았다.

"이후에 힙합페스티벌에 초대받았어요. 당시 한국인에 대한 감정이

상당히 좋지 않았던 때라 그곳에 가면 다친다고 다들 말렸죠. 그런데 거기에서 'Call Me Tiger' 라는 노래로 즉흥 랩 부문 상을 받았어요."

힙합의 뿌리를 단단하게 내려준 '드렁큰타이거'

이것을 계기로 타이거 JK는 그룹 '드렁큰타이거'를 결성했다. 힙합 축제에서 데뷔, 고등학교 시절부터 힙합 방송을 비롯한 크고 작은 무대에서 랩 실력을 뽐내던 타이거 JK는 신문 연예면에서 힙합이 한국에서 인기라는 소식을 접했다. 미국의 백인들도 갱스터 문화로 취급하는 힙합을 고국에서 알아준다는 이야기에 부푼 마음을 안고 멤버 Sucram과 함께 한국으로 진출했다. 하지만 시기상조였던 것일까! 결과는 참담한 실패였다.

"미국에서 당했던 인종차별을 한국에서 목격하고 너무 놀랐어요. 저보고 '한국말도 못 하면서 뭘 한다고, 너는 쌍꺼풀이 없어서 안 된다. 안무가 없어서 안 된다.' 등등 별의별 말을 다 들어봤어요. 방송국의 어떤 PD는 힙합은 이런 거라면서 룰라의 노래를 틀어줄 정도로 힙합에 대해서 아무것도 몰랐어요. 다시는 한국으로 돌아오지 않겠다고 다짐하고 울면서 떠났죠."

한국에서 상처받고 미국으로 돌아간 타이거 JK는 UCLA 대학에 진학했다. UCLA 학생증을 찍어서 명문대 출신의 아버지께 당당히 보내드

드렁큰타이거의 앨범 커버들.

렸다. 한국에서 고졸이라고 무시당했던 설움과 열등감을 극복하는 순
간이었다.

1997년 타이거 JK는 한 동호회의 초청으로 한국에 다시 돌아왔다.

"그냥 가벼운 마음으로 초청에 응해서 다시 한국에 들어왔어요. 고등
학교 때와는 다른 자유로움을 느낄 수 있었어요. 길거리에서 공연도
하고 미사리 카페나 양로원을 찾아가서 힙합 공연을 하기도 했죠. 사
람들의 황당한 반응 자체가 즐거웠어요."

이후 타이거 JK는 DJ 샤인과 함께 '드렁큰타이거'를 결성한 뒤 본격적
으로 한국에서 활동을 시작했다. 첫 번째 진출 때 실패한 앨범을 이름
만 '드렁큰타이거'로 바꿔 냈는데도 18만 장이 나갔다. 지금이야 18만
장이라면 적지 않은 판매량이지만 그때만 해도 인기 음반이 백만 장

사랑하는 아내이자 음악의 동반자, 가수 윤미래님과 함께.

씩 팔리던 때였기에 결코 성공이라고 할 수는 없었다. 그래도 한국에 힙합의 뿌리를 단단히 내리게 했다고 할까! 타이거 JK 팬들이 점점 두 터워지는 계기가 되었다.

그리고 얼마 후 소속사 분쟁을 겪던 가수 윤미래님과 가까워져 결혼을 하게 되었다.

"당시 반지 살만한 돈이 없었어요. 그래서 무릎을 꿇고 윤미래의 손가락에 노란 고무줄을 감아주면서 내가 이 고무줄을 네가 원하는 반지로 바꿔줄 테니 평생 함께 살자고 말했죠."

그러자 가수 윤미래님이 펑펑 눈물을 쏟으며 승낙했고 둘은 재래시장에 같이 가서 2만 5천 원짜리 반지를 나눠 끼고 결혼식을 올렸다고 한다.

끈질긴 재활운동으로 희귀병 극복

계속해서 음반을 내며 왕성한 활동을 하던 타이거 JK에게 척수염이라는 불행이 찾아왔다.

"언젠가부터 걷는 것도 힘들고 몸이 이상해서 병원에 갔더니 디스크래요. 1년 동안 병원에서 디스크 치료를 받는데 효과가 별로 없었죠. 그런데 어느 날 자고 일어나니 발가락조차 움직일 수 없었어요. 큰 병원에서 척수염이라는 진단을 받았죠."

'척수염'이란 갑작스럽게 발생하는 척수신경의 염증성 질환이다. 다리에 갑자기 힘이 빠지고 감각에 이상이 생기는 증상이 나타난다. 척수염에 걸리면 뇌에서 보내는 명령에 신체가 반응을 하지 않게 되고 이는 곧 하반신 마비로 이어진다니 무대 위에서 펄펄 뛰어야 할 래퍼가 얼마나 놀라고 힘들었을까?

"뜨거운 물로 샤워해도 차갑게 느껴지고 아무리 때려도 아프지 않았어요. 희귀병에 걸려 무대에도 못서고 이제 인생 끝났다는 생각에 암울한 날들이 계속되었죠. 무기력하게 보내던 어느 날 티브이에서 멋지게 활약하는 동료 가수들을 보고 재기해야겠다는 생각이 번쩍 들었어요."

의사는 뼈가 휠 수도 있다며 걷지 못하게 했지만 아내와 함께 걷기 시작했다. 언제나처럼 열등감이 오히려 힘을 내게 해주었다. 7집 앨범을 보면 지팡이를 들고 있는 장면이 있는데 그 당시 독한 치료약 부작용으로 몸이 부어 실제로 지팡이가 필요한 상태였다고 한다.

"브랜드 이미지가 장애인과 연관되는 것이 싫다면서 광고주들이 저를 바로 버리시더라고요. 일을 구할 수 없는 상황이었어요. 하지만 저는 아픈 사람도 스타가 될 수 있다는 것을 보여주고 싶었어요." 이러한 의지는 결국 끈질긴 재활운동과 노력으로 이어져, 희귀병도 극복하고 공연 무대를 뛰어다니며 다시 노래를 부를 수 있게 만들었다.

타이거 JK는 전 재산 기부로 화제를 모으기도 했다. 2004년 '사랑 나눔 콘서트'에서 5집 음반 판매 수익금 전액 기부를 시작으로, 2007년 '태안 기름 유출 복구 기금'으로 공연 수익을 기부했다. 개념 스타로 알려진 타이거 JK는 결혼 이후에도 꾸준한 자선 활동을 해왔다. "2014년 돌아가신 아버지의 노트 속에 '나를 위해 좋은 일을 많이 했으면 좋겠다. 꽃이 필요한 사람들에겐 꽃을 선물하고'라는 글이 있었어요. 어려운 이웃을 돕지 못한 아쉬움을 토로한 아버지의 글을 발견하고는 최대한 많은 이들에게 베풀겠다고 아버지와 마음속으로 약속을 했어요."

아버지의 노트를 읽고 전 재산 기부 계획을 세운 타이거 JK는 아내의 응원으로 그동안 모아 온 전 재산을 기부해 놀라움을 자아냈다. 선행은 여기서 끝이 아니다. 세월호 침몰 사고 희생자와 유가족을 위해 아버지의 이름으로 네이버 해피빈에 1억 원을 전달했다. 또한 지난해 출연했던 서바이벌 프로그램 '쇼미 더 머니 6' 출연료 역시 미혼모와 입양아들을 위해 전액 기부했다니 감탄이 절로 나온다.

끊임없이 연습하는 노력형

지금까지 한국에서 가장 많은 힙합작품을 발표한 아티스트 타이거 JK는 현재 음악기획사이자 음반 레이블 회사인 필굿뮤직(Feel Ghood

Music)을 운영하고 있다. 2016년엔 '도끼'와 함께 굿라이프 크루를 결성했는데, 슈퍼비, 면도, 주노플로가 참여하고 있다.

타이거 JK는 '한국대중음악상', '골든디스크', 'MKMF(Mnet Asian Music Awards)'를 비롯한 각종 상을 거머쥐었지만 음악성을 타고난 아내와 달리 자신은 끊임없이 연습하는 노력형이라고 털어놓는다. 래퍼도 도전하고 싶어서 시작한 일이었기에 실력을 키우기 위해 부단히 노력해왔다. 타이거 JK는 훌륭한 래퍼가 되려면 우선 리듬감이 있어 박자를 잘 타야 한다고 말한다. 가사도 다듬어지고 아름다운 것만 멋진 것이 아니다. 일상적인 내용을 자신만의 표현 방법으로 솔직히 담아내면 더 좋은 가사가 될 수 있다. 그래서 경험을 소중하게 생각한다.

"영화, 데이트, 책, 간판, 벼룩시장 등 모든 소재가 가사가 될 수 있어요. 새롭게 표현하려면 부지런히 찾아다녀야 합니다. 저는 가사를 잘 쓰기 위해 간판을 크게 읽는 버릇이 있어요. 간판들을 읽다 보면 멋진 표현을 많이 발견할 수 있거든요. 시집도 자주 읽어요. 단어나 문장을 소리로 표현해내는 것이 제 직업이니까 실력을 키우기 위해 늘 노력해야죠."

지난해에는 '쇼미 더 머니 시즌6'에 출연했다. 처음엔 디스문화에 초점을 맞춰 힙합을 싸우기만 하는 장르로 굳혀가는 것이 싫어서 쇼미더머니 제작진의 거듭된 섭외를 거절했었다. 하지만 후배들과 함께 프로그램을 통해 더 건강한 쪽으로 힙합이 발전하게끔 만들고 싶어서

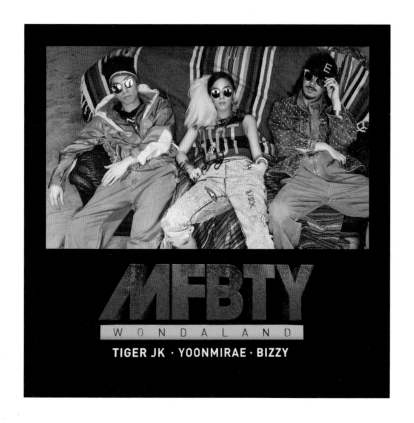

고민 끝에 출연하게 되었다고 한다.

"힙합 문화를 위해 힘들게 노력했던 사람의 입장에서는 힙합 문화 중 랩 분야, 그중에서도 제일 작은 부분인 '디스'가 부각되니까 힙합이라고 하면 욕하고 헐뜯는 것으로 힙합이 대변 되는 것처럼 보여 괴로웠어요. 오랫동안 '음악으로 보여주면 나를 따라오겠지'라는 착각에 푹 빠져 살았던 것 같아요. 하지만 더 이상 혼자 말해봐야 소용이 없고 사이드에서 말하는 것도 건전한 힙합 문화에 도움이 별로 안 되는 것 같았죠. 그래서 건강한 쪽으로 문화가 퍼지길 바라는 마음으로 프로듀서들과 같이 프로그램에 참여했습니다."

한국에 랩을 다루는 프로그램이 많아지면서 랩 문화가 확산되고 있다. 이렇게 랩이 대중화되면서 너무 예능 쪽으로만 풀리는 것 같아 우려스럽기도 하지만 한편으론 랩이 더 많이 알려질 수 있는 기회라는 점에서 긍정적으로 생각한다.

랩! 공부와 병행할 수 있다

미국에선 랩 가사를 잘 쓰는 사람 중에 소설가 헤밍웨이처럼 인정받는 분도 있고 재즈처럼 프리스타일을 잘 하는 사람도 있다. 힙합 안에서도 프리스타일랩, 배틀랩, 가사랩 등 여러 분야로 나뉘어지고 있다. 그런데 우리나라에서는 힙합으로 인정받으려면 비트도 잘 찍어야 하고 랩도 잘 해야 하고 프리스타일도 잘 해야 한다. 래퍼 서바이벌 프로그램에 참여하면서 이 모든 것을 만능으로 잘 해야만 인정받는 현실이 안타깝게 느껴졌다고 한다.

우리나라의 1세대 래퍼로서 랩을 시작하는 많은 이들에게 우상으로 뽑힌 타이거 JK. 그는 한때의 유행이 아닌, 오래도록 사랑받고, 누군가의 하루에 도움이 되는 음악을 하는 사람이 되고 싶다고 한다. 그의 꿈은 후배들을 양성한다는 차원보다는 자신의 철학이 있는 아티스트들과 함께 성장해가는 것이다.

래퍼가 되고 싶지만 부모님의 반대에 부딪혀 고민하는 청소년들을 보면 이렇게 말한다. "항상 공부를 더 많이 할 걸 그랬다는 후회를 합니다. 랩이란 표현방법을 많이 알면 알수록, 경험이 많을수록 더 멋지게 써낼 수 있기 때문이죠. 학업뿐 아니라 아르바이트, 취미활동, 봉사 등 자신이 해야 할 일을 열심히 하면서 부모님께 하고자 하는 의지를 보여드리세요. 공부와 동시에 할 수 있는 일이 바로 랩입니다. 뭔가 해소의 출구도 될 거예요. 흉내도 내보고 스스로 써보고 해봐야 합니다. 래퍼를 꿈꾸는 후배들에게 저는 언제나 이렇게 외칩니다. 지금 당장 시작하세요!"

Interviewer 권혁준, 김수현, 이채린

PROFILE

타 이 거 JK 1998년 미국의 힙합 페스티벌에서 만난 친구 DJ 샤인과 함께 드렁큰타이거를 결성해 본격적인 힙합뮤지션으로 활동하기 시작했다. 드렁큰타이거 5집 이후 DJ샤인이 탈퇴하여 혼자서 드렁큰타이거로 활동하다가 2006년부터 척수염에 걸려 가수 활동에 어려움을 겪었지만 강한 투지로 극복했다. 이후 2013년 아내 윤미래, 비지와 함께 프로젝트 그룹 MFBTY을 결성하고, 2014년엔 필굿뮤직을 설립해 활동하고 있다. 예능프로그램 <쇼미더머니>, <SNL 코리아 (시즌 6)>, <위키드>, <대화가 필요한 개냥> 등에 출연했고 2009년 Mnet 아시안 뮤직 어워드 남자 가수상 수상, 골든디스크 본상과 남자가수상, 2010년 서울가요대상 힙합상과 앨범상을 수상했다.

힙합뮤지션

Who

무슨 일을 할까 궁금해

힙합뮤지션은 공연장이나 콘서트 무대에서 노래를 부르고 방송에도 출연해요. 혼자서 활동하거나 여러 명이 팀을 이루기도 하는데 직접 노래를 만들고 편곡하는 싱어송라이터도 있고 녹음할 때 본인이 직접 음반 프로듀싱을 겸하는 경우도 있어요. 연습실에서 노래 연습을 하거나 음반 준비를 위해 녹음실에서 노래를 녹음하는데, 좋은 음반을 만드는 것이 가장 중요하기 때문에 보통 음반 제작 기간에는 별다른 활동을 하지 않고 녹음에만 전념하는 경우가 많아요. 음반이 발매되면 수록된 곡을 홍보하기 위해 방송, 라디오 등의 각종 음악 프로그램과 행사에 출연하고 콘서트를 하는 등 바쁜 스케줄을 소화해야 하죠.

힙합뮤지션의 절대 '매력'

힙합뮤지션은 많은 사람들에게 감동을 줄 수 있고 인기를 얻을 수 있는 직업이죠. 무대 위에서 춤추고 노래하는 자체로도 재미있고 많은 사람들 앞에서 느끼는 짜릿한 긴장감도 좋아요.

쉬운 일은 없어! 알아둬야 할 힙합뮤지션의 세계

치열한 경쟁 속에 새로운 힙합뮤지션들이 계속 등장하거나 이탈하는 일이 빈번하기 때문에 지속적으로 성장하고 인기를 얻는 힙합뮤지션은 매우 한정적이에요. 데뷔 전 수년 동안 기획사에서 연습생으로 지내며 보컬과 안무 등에 대한 트레이닝을 거쳐도 실력이 없다고 판단되면 음반을 못내는 경우도 많아요. 대부분의 공연이나 방송이 주로 오후 늦게 또는 저녁, 주말에 이루어지기 때문에 오후에 일과를 시작해 이른 새벽에 마치는 스케줄이에요. 또 공연을 위해 하루에도 여러 지방을 다녀야 할 때도 있고 해외로 나가기도 해요.

★★★

How

힙합뮤지션이
되려면?

대개 음반기획사 및 연예기획사의 오디션을 통과해 연습생을
거쳐 데뷔하는 사례가 많아요. 방송이나 온라인 플랫폼,
소셜미디어를 통해 실력을 인정받고 데뷔하는 경우도 있고요.
힙합뮤지션이 되려면 외국 힙합뮤지션들의 음반을 구입해
최대한 많은 음악들을 접해보는 것이 좋아요. 공연을 많이 보러
다니는 것도 도움이 되고요. 힙합뮤지션은 정확한 발음을 가지고
있어야 해요. 빠른 비트 속에 정확히 가사를 전달해 주어야
관객들과 소통할 수 있으니까요. 대부분 힙합뮤지션들은 본인
이야기를 가사로 적어 랩으로 들려줘요. 그러니 힙합뮤지션이
되기 위해선 가사를 많이 써보면서 입 밖으로 비트와 함께
내뱉어보는 것이 중요해요. 물론 비트메이킹하면서 가사를 쓰는
건 결코 쉽지 않아요. 그래서 많이 듣고 여러 번 써보는 훈련을
해야 하는 거예요. 우리나라엔 랩을 잘 하는 사람들이 꽤 있어요.
그러니 많은 연습과 자기 개발로 자신만의 특별한 컬러가 있어야
돋보일 수 있겠죠?

관련
전공학과는?

군이 힙합뮤지션이 되기 위한 특별한 전공은 필요하지 않아요.
다만 대학의 실용음악 관련 학과에 가면 악기 연주와 작곡, 편곡,
보컬 등에 대한 전문 이론과 실기를 배울 수 있어요.

미래 전망은
어떨까?

힙합뮤지션을 꿈꾸는 사람들이 참 많아요. 꼭 힙합 장르가
아니더라도 요즘 대부분의 가요들이 이 힙합의 랩을 포함하고
있어요. 우리나라 국민은 어느 문화예술 분야보다 음악을 가장
사랑하고 즐기며 가요에 대한 인기가 많기 때문에 장기적인
경기침체에도 불구하고 신인 힙합뮤지션들의 등장은 꾸준할
전망이에요.

제주특별자치도지사 원희룡

긍정의 자세로
꿈을 향해 비상하라

새로운 일에 도전하고자 하는 열망이 컸던 아이

비행기를 타고 푸른 바다 건너 제주도로 향할 때마다 우리들은 한껏 들뜨곤 했었다. 수학여행지와 수련회 장소로 우리들에게 친근한 곳, 제주도는 아름다운 자연미와 독특한 화산 지형을 인정받아 국내 최초로 세계 자연유산에 등재되었다. 우리나라에 이렇게 멋진 섬이 있다는 생각에 어깨가 으쓱해지는 제주도! 그곳의 정책을 만들고 실천하는 원희룡 제주특별자치도지사님을 만났다.

원희룡 지사님은 인터뷰에 앞서 우리들과 일일이 악수를 나누면서 눈을 맞춰주었다. 굉장히 밝고 유쾌한 분위기의 지사님은 말씀에서도 막힘이 없었다. 어렸을 적 어떤 꿈을 꾸었느냐는 우리들의 질문에 "꿈이 무엇이었냐고 누군가 물어오면 사실 속으로 뜨끔해요. 꿈이 계속 바뀌어서 한 서른 가지는 족히 넘을걸요."라면서 "새로운 일에 도전해보고 싶은 마음이 워낙 강한 아이"였다고 한다.

당당하고 자신감 넘쳐 보이는 지금의 모습 뒤엔 가난을 공부로 극복해낸 학창시절이 있었다. 지사님은 제주도 서귀포에서 대대로 살아온 토박이 집안에서 태어나 고등학교까지 제주도에서 다녔다. 중학교 3학년 때까지 집안에 전깃불도 안 들어와 밤이면 석유램프를 켜야 했다. 일 년이 다 가도록 쌀밥에 고기는 구경조차 하기 힘들었고 찢어진 고무신을 신고 다녀야 할 만큼 형편이 안 좋았다. 그래도 항상 미래를 향

제주도에서 태어나 제주도의 너른 품에서
놀던 어린시절(사진 윗줄 가운데 지사님).

해 멋진 꿈을 꾸는 소년이었다. 병원에 가면 의사가 되고 싶었고, 우주선을 보면 우주과학자를 꿈꾸었다. 호기심이 워낙 많아 학자가 되겠다고 맘먹은 적도 있었고, 정치인이나 대통령을 꿈꾼 적도 있었다.

아버지는 과자가게, 배추장사, 농약상, 신발가게, 책방 등 여러 사업을 전전했지만 잘 안 되어서 온 가족이 빚쟁이들한테 시달리기도 했고 동네에서 이사만 10번 넘게 다녀야 했다. 가난과 실패는 디딤돌이 되기도 했다. 아버지의 서점 실패로, 집 창고에 쌓인 재고 서적을 원 없이 읽으면서 성장할 수 있었다. "어렸을 적 책은 최고로 재미있는 장난감이었어요. 혼자 책을 읽고 퀴즈를 내고 풀어보면서 놀았죠. 한 번 책을 집으면 굉장히 몰입해서 봤어요. 부모님께서 한 번도 책 읽어라, 공부해라 소리 한 적 없지만 스스로 책 읽는 재미, 공부하는 흥미에 푹 빠져 지냈어요."

어느 날은 술 취한 빚쟁이가 집에 들이닥쳐서 부모님을 독촉하고 협박하는 모습을 훔쳐봐야 했다. 그때 가난이란 게 무엇인지 처음 실감하게 되었으며, 이를 극복해 보고자 공부를 더 열심히 하기 시작했다.

가난을 공부로 극복하다

제주도 명문고인 제주 제일 고등학교에서 1등을 놓쳐본 적이 없었다. 전국적으로 치른 12차례의 시험에서 모두 수석을 차지하며 기대를 모아오던 중, 1982년도 제1회 대입 학력고사까지 수석을 차지하는 실력으로 언론의 주목을 받았다. 당시 서귀포시 중문동은 소위 '깡촌'이나 다름없는 곳이었다. 비료포대를 썰매삼아 바닷가와 오름을 헤집으며 놀던 아이가 과외 한 번 받아보지 않고 스스로 노력해서 대도시의 우수한 인프라 속에서 공부하는 학생들을 제치고 학력고사 수석을 했다는 것은 정말 대단한 일이었다. 전국 수석의 단골소감 유행어가 된 "학교 수업에 충실하고, 교과서 중심으로 공부했습니다."라는 말을 최초로 발언한 이가 원 지사님이다. 그뿐만 아니라 사법시험 수석 합격의 경력으로 인해 지사님은 '원조 공부의 신'으로 불렸다. 그 비법이 정말 궁금했다.

"학창시절, 공부하는 방법에 대해 스스로 생각을 많이 했어요. 책을 읽을 땐 처음부터 외우면서 하는 것이 아니라 먼저 만화책 보듯이 가볍게 읽으면서 전반적인 윤곽과 함께 알아야 할 내용이 무엇인지 파악한 뒤 두 번째에는 최대한 정독을 했습니다. 한 페이지를 다 읽으면 가장 중요한 것을 한마디로 줄이면 무엇일까? 그것들을 중심으로 어떻게 내용이 연결되어 있을까? 이 책을 쓴 사람은 왜 이렇게 썼을까? 내가 만약 출제자라면 어떻게 출제를 해야 기본점수를 주면서 변별력을 줄 수 있을까? 어떤 부분을 알아야 수준이 높은 것일까 하고 끊임없이 생각했습니다. 여러 번 반복하면서 공부하고, 노트 정리는 물론 시험 테스트도 스스로 하면서 깊이 있고 입체적으로 공부했죠. 그냥 교과서 글씨를 따라 읽는 게 아니라 내용을 분해해보고 스스로 재구성을 해보면서 실력을 쌓았어요."

지사님은 어렸을 적 창고의 책을 가지고 놀듯이 독서하던 습관이 업

그레이드되어서 공부에 집중할 수 있었다고 한다. 조그만 생활일지 노트를 마련해서 그날 공부한 시간을 체크하고 집중 정도와 감정 상태를 기록하면서 페이스를 계속 점검해 나갔던 것도 큰 도움이 되었다. 생활일지를 계속 쓰면 스스로의 공부 습관이나 컨디션 등 일정한 패턴을 발견할 수 있다. 주로 집중이 잘 되는 시간엔 집중을 꼭 해야 하는 어려운 과목을 배치하고 집중이 안 되는 시간엔 좋아하고 잘 하는 과목을 설렁설렁했다. "이런 걸 자기주도학습이라고 하죠? 저는 시골에서 아무 도움 없이 혼자 북 치고 장구 치고 다 했지만, 여러분은 멘토나 자기주도학습을 안내해주는 분을 잘 따라 하면 도움이 될 거예요."

사법고시 수석 합격으로 다시 주목을 받다

원희룡 지사님은 1982년 서울대학교 법과대학에 수석으로 진학하면서 "장차 대한민국을 위해 '막스 베버'와 같은 법사회학자가 되고 싶다."라는 포부를 밝히기도 했다. 하지만 대학에 입학한 뒤 신군부 독재로 인해 민주주의가 억압되는 시대적 상황과 마주하게 되었다.

"반정부적인 생각을 하는 학생들은 감시받고 강제로 군대로 보내지기도 하던 시절이었어요. 집회를 하면 매운 최루탄을 많이 터뜨려서 늘 눈물, 콧물 흘리고 다녔습니다. 학교에서 배운 민주주의가 현실에는 없다는 생각이 들어 민주주의를 실현시키려면 학생들이 나서야 한다고 생각하게 되었죠."

그때 정말 고민을 많이 했다고 한다. 공부해서 힘이 더 생긴 다음 사회를 바르게 해야 하는 것이 맞는지 아니면 진로가 희생되더라도 목소리를 내고 행동해야 하는 지 생각하고 또 생각했다. 결국 지금 행동하지 않으면 변명이 된다는 생각, 개인적인 진로만 준비한다는 게 사회에 대한 의무를 다 하지 않는 것이라는 마음에 눈 딱 감고 학생운동을 시작하게 되었다.

노동자들 입장에 서서 노동운동을 하며 살겠다고 결심하고 야학과 노동운동에 투신하기도 했다. 제적과 복학을 반복하며 졸업할 시기에 이르자 사회인으로 가장 적합하다고 생각되는 사법시험을 치르게 되었는데, 준비기간 단 2년 만에 수석으로 합격하며 다시 언론의 주목을 받았다.

"사시 합격 후 사법 연수원에 가서 공부해보니 판사는 기록에 있는 증거를 가지고 재판하는 반면, 검사는 현장에서 문제점을 찾아내서 재판받도록 제출하는 일을 하더군요. 제 성격에는 틀이 잡히지 않은 부분에서 스스로 문제점을 찾아내는 것이 더 흥미로웠어요. 그래서 검사가 되었죠."

검사 생활은 예상대로 엄청난 긴장의 연속에다 역동적이었으며 흥미진진했다. 많은 사건들이 기억에 남지만 그중에서도 사회적으로 파장이 컸던 다단계 피라미드 사기단 사건을 맡았던 일이 가장 보람되고 기억에 남는다. 대다수 선량한 사람들의 피해를 막는 일이었기 때문이다. 이외에도 재개발조합 사기 사건, 딱지어음 사건 등 주로 경제사범 소탕에 열중하였고, 부산지검 강력부에 있을 때는 무술 합계만 40단이 넘는 검찰 수사관 18명을 데리고 지역 내 조직폭력 및 마약사범과 매일 생사를 장담할 수 없는 사투를 벌여야 했다. 그러다 1998년 8월 검사직을 그만두고 변호사를 거쳐 국회의원이 되었다.

남다른 노력과 실력으로 정계 핵심 인물이 되다

"국회의원은 국민들을 위해 법안을 만들고 예산을 짜서 필요한 부분에 쓰이도록 하고, 사회 비리를 고발하거나 정부가 대책을 세우도록 촉구하는 일도 하죠. 권한과 함께 책임도 주어지는 게 공직자예요. 불을 통

해서 요리도 할 수 있고, 소득도 할 수 있는 것처럼 정치에 주어지는 권력 즉 권한을 가지고 세상을 변화시키거나 사람들에게 필요한 많은 일을 하고 싶다는 생각에서 나름 용기를 내어 국회의원으로 나섰습니다."

지사님은 정치가 욕을 먹는 것은 국민을 위해 써야 할 불을 잘 못 사용해서라며 좋은 정치를 할 수 있는 사회시스템이 되어야 하고 그것이 정치인들의 과제라고 강조했다.

특정 정당에 속해 있으면서 소신 발언을 많이 한 것으로도 유명하다. 그 이유에 대해서는 "국회는 국민들의 의견을 모아서 민주주의를 실천하는 곳입니다. 그리고 정당은 그룹을 나누어 분임조를 만들어 회의를 하는데 거기서 소신을 펼 수 있으면서 소속감을 가질 수 있는 당을 선택하는 것이지 그 정당이 완벽해서가 아닙니다. 정당의 다수 의견과 제 의견이 다르지만 제가 옳은 거 같다고 느낄 때, 다수가 내가 납득할 수 없는 이유로 강제할 때, 제 의견을 내왔습니다. 제가 속한 당의 잘못을 바꾸자고 목소리를 내서 미움을 받은 적도 있어요."

지사님은 결국 오랫동안 몸담아왔던 정당을 탈당하면서까지 자신의 소신을 굽히지 않았다.

지사님은 19대 선거에도 나갔으면 또 국회의원이 될 수 있었을 텐데도 불출마했다. 국회의원이 너무 자기의 직업이 되고 그것을 유지하기 위해 관성에 젖으면 안 된다고 생각했기 때문이다. "3선이 넘으면 대통령에 도전을 하던지 더 좋은 사람에게 국회의원을 물려줄 수 있는 선택을 해야 한다는 생각입니다."

제주특별자치도지사 연임 당선된 3선 국회의원

지사님은 현실정치를 떠나 1년여 간 정치적 휴식을 취하며 영국 케임브리지 대학교와 독일 아데나워 재단, 중국 베이징대 등에서 방문학자(visiting scholar) 자격으로 수학하면서 세계정치에 대한 견문을 넓히고 2013년 말 국내로 돌아왔다. 국회의원을 세 번이나 했으니 새로운 전환이 필요하다는 생각에 도지사에 도전하게 되었다. 특히 새로운 투자도 잘 해야 하고 자연도 지켜야 하는 제주도에서 스스로 행정경험을 쌓고 제주도에 닥친 문제를 소신껏 해결하는데 기여하고 싶었다.

원 지사님은 제주 출신 중에서 별다른 배경 없이 오직 자신의 노력과 실력으로 정계 핵심 인물이 된 입지전적인 인물이라 제주도민들 사이에서 명망도 대단히 높았다. "3선 국회의원으로서 그동안 소신 있고 깨끗한 정치를 해왔고 아직 젊으니까 혁신적이지 않을까 하는 기대 때문에 저를 뽑아주셨다고 생각합니다."

도지사란 정치인이면서 동시에 행정적인 일을 해야 하는 선출직 공무원이다. 도민의 생활과 밀접한 정책을 만들고 실천해야 하기에 업무가 막중하다. 이러한 역할을 잘 수행할 수 있도록 정책을 결정할 수 있는 행정권한과 공무원에 대한 인사권·지휘권이 모두 도지사에게 주어진다.

원 지사님은 제주도의 청정자연이 훼손되는 것을 막기 위해 많은 일을 해왔다. 부동산 사업에 집중된 중국 자본의 난개발을 제한하고, 실

국제민간회의, 다보스포럼에 참석해 저명한 기업인과 학자, 정치가, 저널리스트 등과 함께 세계 경제에 대해 논의하고 있는 원희룡 제주특별자치도지사님.

제로 농사를 짓지 않는 경우 소유한 토지를 강제 처분토록 해 실제 농부가 땅을 소유할 수 있는 원칙을 실현할 수 있도록 조치했다. 국회의원 시절부터 '저탄소녹색성장국민포럼' 대표로서 미세먼지, 대기오염을 비롯한 환경문제에 대하여 꾸준한 관심을 의정활동을 통해서 실천해왔다. 도지사 당선 이후 "2030년까지 제주도내 탄소배출량을 제로로 만들겠다."고 선언하면서 그 일환으로 화력발전 비중이 컸던 지역 전기 공급 체계를 풍력발전이나 태양력 발전, LNG 천연가스 등으로 교체하고 있다. 더불어 전기자동차 구입에 대한 경제적 지원과 혜택을 넓히면서 전기차 충전소 설치 확대 등 제반 인프라를 확충하고 있다.

도민을 위한 복지 정책으로 제주도지사 관사를 도민에게 개방해 제주

제주 전기차 에코랠리에 참가하는 원희룡 제주특별자치도지사님.

시 자기주도 학습지원센터로 활용하고 있다. 친환경 무상급식의 지원을 확대해 현재 제주도는 무상급식 실시율이 전국 3위권에 들 만큼 시행이 잘 되고 있다. 저소득 여성 청소년의 생리대를 무상으로 지원하고 각종 대형 투자 사업을 할 때 고용 인력의 80%는 제주도민을 우선 채용하도록 하고 있다.

제주도는 유네스코 문화 유산이 많은 곳으로 자연을 잘 지키는 것뿐만 아니라 아름답게 가꾸는 일도 중요하다. 도지사님은 관광산업이 특히 발달한 제주도를 이끌어나가는 리더의 역할에 무게중심을 상당히 두고 있다. "제주도가 관광지로 유명해질수록 쓰레기 오염과 교통 체증 등으로 인해 생활이 더 불편해지는데 반해 돈은 외부 투자자들만

벌어가고 있다고 생각하는 도민들이 종종 있습니다. 저는 제주의 경제 발전이 제주도민의 일자리나 내 집 마련 등 실제 삶의 질을 높이는 데 연결될 수 있도록 노력하고 있습니다. 그것이 제주지사의 가장 큰 역할이라고 생각합니다."

원 지사님은 전국 17개 광역자치단체장에 대한 직무수행 평가에서 1위를 차지하기도 했다. 심사위원의 평가를 잘 받아서라고 겸손하게 이야기하지만, 높은 점수를 받은 이유는 분명히 있다. 조금 먼 미래일지라도 탄소 없는 섬, 전기자동차 100% 실현 등 제주에 대한 비전들을 강하게 제시하고, '대한민국의 미래를 보려면 제주를 보아라!', '제주를 바꾸는 힘이 대한민국도 바꾼다!'는 마인드를 제주 행정에 담으려고 노력한 부분이 높은 평가를 받은 것으로 알려져 있다.

큰 비전을 가져야 위대한 변화를 이끌어 낼 수 있다

"도지사로서 가장 중요한 것은 미래 비전이라고 생각합니다. 자기 지역에 국한하지 않고 미래에 어떤 대한민국이 되었으면 좋겠다는 큰 비전을 가져야 해요. 그것은 도지사나 사업이나 마찬가지입니다. 무엇을 하든지 꿈 없이 자리만 지키는데 연연하면 안 됩니다. 큰 비전과 꿈을 가지면 더 위대한 변화를 이끌어낼 수 있어요. 단지 선거에서 이기려고만 한다면 감옥 가기 십상이에요. 당선은 내가 가고자 하는 비전을 실현시

제 70주년 제주 4.3 희생자 추념식에 문재인 대통령과 함께.

키기 위한 현실적인 수단입니다. 비전과 수단이 바뀌면 안 되겠죠?"

도지사는 혼자 연구한다고 잘 할 수 있는 일이 아니다. 좋은 정책을 내고 펴기 위해서는 많은 사람의 의견을 모으는 집단적인 의사소통과 합의를 이끌어낼 수 있는 자질이 중요하다. 공적인 일을 하는 입장에서 공동체를 공정하게 이끌어나가는 것뿐만 아니라, 서로 의견이 다른 공동체의 의견을 조화시키는 것이 제일 어렵다.

"조금만 불편하고 자기 이익에 손해가 오면 공격하고 악플을 다는 사람들이 있어요. 똑같이 아름다운 땅에 남이 빌딩을 지으면 난개발이고 내가 하면 재산권 행사라고 보는 식이죠. 도지사는 그런 분들까지 모두 이끌어 나가야 합니다. 집단의 의견을 잘 이끌어내어 화합하도록 리드하는 것이야말로 정치나 행정을 비롯해 모든 사회인에게 필요한 시대적인 과제이죠."

그동안 중국 투자자가 많이 오면서 난개발이 문제가 되었는데, 강력한 제동으로 한결 정돈되어가는 모습을 볼 때 '도지사의 권한을 제대로 행사하는 것이 이렇게 중요하구나' 하는 것을 느낀다. 제주도의 해녀문화가 유네스코 문화유산으로 지정된 점도 뿌듯하다. 사실 해녀가 소라를 캐도 소득이 별로 되지 않았다. 값이 워낙 싸기 때문이었다. 다른 건 아껴서라도 해녀라는 문화를 보존하기 위해 소라 값을 정책적으로 보장해주니 해녀들이 기쁨의 눈물을 흘렸다. 그 모습을 보면서 같이 기뻐하고 예산이 좀 더 많았으면 하는 마음이 들었다고 한다.

"제주 관광산업은 현재까지는 앉아서 손님이 찾아오기를 기다리는 식이었어요. 앞으로는 아름답고 깨끗한 자연환경과 함께 스마트한 미래의 문화가 잘 조화되어서 세계 최고의 관광 휴양지이자 대한민국의 보물섬을 만드는 게 꿈입니다."

선출직 공무원은 표가 되는 곳을 따라서 쫓아다닐 수밖에 없다. 표를 얻어야 당선이 되기 때문에 표는 반드시 필요한 기초이자 수단이다. 그렇다고 표만 쫓다 보면 포퓰리즘으로 간다. 즉 유권자들의 요구와 바람을 대변하려는 정치 활동에만 주력하게 되는 것이다. "내 임기 때 인기 얻자고 예산을 무리하게 끌어다 써서 후대에 그 빚 갚느라 고통을 떠안게 하면 안 되겠죠. 그래서 선출직공무원은 지금 당장보다 미래를 내다보는 책임감을 가져야 해요. 누구나 고통은 뒤로 미루고 혹은 비용은 사회로 떠넘기고 혜택은 나에게 돌아오게 하다 보면 사회적인 문제가 발생해요. 예를 들어 지금 당장 돈을 벌겠다고 대기오염물질을 방출하고 이로 인한 대기오염 피해는 정부 예산으로 알아서 하라고 하면 어떻게 될까요? 표만 의식해서 무책임하게 이익집단의 입장만 들어주면 안 되겠죠. 국가 전체의 문제를 크게 바라보는 책임 있는 의식을 가져야 해요."

그렇다고 책임감만 찾으면 당선이 어렵고, 인기만 쫓으면 사회가 고장 나기 때문에 유권자에 대한 반응과 책임을 조화롭게 같이 가져가야 한다. 국민들도 이 두 가지가 조화된 선출직공무원을 뽑는 자세가 필요할 것이다.

사회 시스템에 대한 이해와 대외적인 능력을 키워라

현대사회에서는 다양한 리더가 필요하다. 도지사 같은 지방 자치단체를 이끌어나가는 사람이 되겠다는 야무진 꿈을 가지는 건 좋다. 하지만 여기에 필요한 자질이나 경로에 대해서는 폭넓은 시각을 가져야 한다. 뜻이 있어 이쪽 방향으로 도전하는 사람은 매우 많지만 당선자는 단 한 명! 유권자들이 뽑고 싶은 자질과 모습을 갖추기 위해서는 어떻게 해야 할까? "선출직 공무원은 어려서부터 준비한다고 되는 일은 아니에요. 거기에 도달하는 과정은 굉장히 다양하죠. 단편적으로 공부만 잘해서 되는 일도 아니고 정해진 어떤 길이 있는 것도 아닙니다."

모호하지만 우리들은 그 부분에 동감할 수밖에 없었다. 하지만 뜻을 두고 자신의 강점은 살리고 약점을 보완해나간다면 이룰 수 없는 꿈도 아닐 것이다. 도지사, 국회의원, 대통령 등을 하려면 먼저 지적인 능력을 키워야 한다. 그것이 없다면 결국 허수아비가 되고 말 테니까 말이다. 또한 복잡한 사안을 해석하고 정리하는 종합적인 능력이 필요하다. 우리 사회는 다양한 이해관계와 다양한 목적을 가진 개인 및 단체 조직들이 있다. 그 속에서 자신이 추구하는 가치를 구축하려면, 사회가 돌아가는 시스템에 대한 이해도가 매우 중요하다. 지사님은 이와 아울러 업무와 관련된 다양한 사람들과 교류하고 서로 협조하는 대외

적인 능력도 갖춰야 한다고 짚어주었다.

지사님은 우리나라가 예전보다 훨씬 잘 살고 있지만 젊은이들의 의지는 오히려 나약해지고 있다는 느낌을 받을 때마다 안타깝다고 한다. "지금 젊은이들은 '헬조선'이라는 말을 많이 합니다. 물론 나름대로 비판의식도 갖추어야겠지만, 가급적 도전적이고 꿈을 이루기 위한 긍정적인 자세를 가졌으면 좋겠어요. 저희들 자랄 때는 각박하고 억압받는 사회였어요. 지금과는 비교도 안 되죠. 현재 우리 어린 세대들은 유럽이나 미국에도 꿀리지 않는 좋은 환경에서 자라고 있어요. 그런데 어려움이 생길 때는 어른들보다 쉽게 좌절하는 것 같아 안타까워요. 예전보다 훨씬 좋은 조건에서 성장했기에 좀 더 굳세고 끈질겼으면 좋겠습니다. 어려움을 이겨내는 불굴의 투지, 실패를 딛고 이겨나가는 의지를 키워 대한민국의 미래를 힘차게 이끌어나가길 바랍니다."

박력 있고 힘찬 도지사님의 메시지에 우리들은 살짝 부끄럽기도 하고 마음이 뜨거워지면서 강한 울림을 느꼈다. 인터뷰를 마친 뒤, 우리들 모두에게 다시 한 번 악수를 청하면서 따뜻한 격려를 보내준 원희룡 지사님께 우리들도 파이팅을 외쳤다.

Interviewer 권혁준, 김수현, 이채린

PROFILE
───

원희룡 제주도 토박이 집안에서 태어나 고등학교까지 제주도에서 성장했다. 대입 학력고사 수석, 서울대학교 수석 입학, 사법고시 수석 합격 등으로 대한민국 3대 수석이라 불렸다. 이후 서울지방검찰청, 수원지방검찰청 여주지청, 부산지방검찰청 검사를 역임했으며, 2000년부터는 서울 양천 갑 지역구에서 12년간 국회의원으로 의정 활동을 펼쳤다. 지난 2012년 19대 총선에선 정치혁신이란 가치 아래 자신의 기득권을 내려놓고 국회의원 불출마를 선언했다. 이후 2014년부터 제주특별자치도 도지사를 연임하고 있다. 제 3회 2015 글로벌 자랑스런 한국인 대상 최고대상과 2017년 자랑스러운 한국인 대상 행정부문 최고 대상을 받았다.

선출직 공무원

Who

무슨 일을 할까 궁금해

선출직 공무원은 국민 선거를 통해 뽑는 공무원을 말해요. 선출직 공무원에는 지방선거를 통해 선출하는 광역시장, 도지사, 교육감, 자치구청장, 시장, 군수, 광역시·도의회 의원, 구·시·군의회의원, 교육의원 등이 있고, 국회의원 선거를 통해 선출하는 국회의원, 대통령 선거를 통해 선출하는 대통령으로 구분할 수 있어요. 그렇기 때문에 선출직 공무원의 역할이 모두 동일하지는 않지만 관련 국가정책을 결정하는 데 있어 강한 권력을 가지게 된다는 점은 같아요. 그 권력을 가지고 국민에게 유용한 정책을 추진해야 하는 것이 중요한 역할이라고 볼 수 있어요.

선출직 공무원의 절대 '매력'

도지사처럼 지방선거를 통해 선출된 공무원들은 지역이 성장하고 발전할 수 있도록 돕는 역할은 물론 소외된 계층이나 약자를 위해 일하는 일꾼이죠. 지역을 위해, 나라를 위해 하루하루를 보낼 수 있다는 것, 그것만큼 보람된 일이 있을까요?

쉬운 일은 없어! 알아둬야 할 선출직 공무원의 세계

선출직 공무원은 사명감이 없으면 힘든 일이에요. 세상을 바꾸겠다는 의지와 헌신이 있어야 하죠. 소외된 계층이나 약자, 그리고 국민이 무엇이 힘들고 어려운지 현장의 목소리를 듣고자 열심히 뛰어다녀야 해요. 자신을 뽑아준 지역이나 특정 단체를 위한 이익의 대변자이기 때문에 평일 주말 할 것 없이 난상토론을 벌일 때도 많아요.

★★★

How

**선출직 공무원이
되려면?**

선거에 출마하면 되는데, 선거에 출마하는 방법은 두 가지가
있어요. 첫 번째는 정당의 공천을 받거나 무소속으로 출마하는
거예요. 정당에서 공천을 받는 것이 당선 확률이 좀 더 높아요.
어느 쪽이든 평소 지역을 위해, 지역 주민을 위해 많은 일을
헌신해야 해요. 국가와 지역을 좋은 방향으로 이끌고 세상을
바꾸고자 하는 의지가 있는 사람들이 도전해요. 사회 전반에 걸쳐
관심을 가지는 것이 좋겠죠?

**관련
전공학과는?**

법학과, 정치학과, 정치외교학과, 행정학과, 정책학과 등이
관련학과이긴 하지만 사실 선출직 공무원은 전공이 그다지
중요하지 않아요. 실제 선출직 공무원들을 보면 전공도 직업도
정말 다양하거든요. 변호사, 의사, 기업인, 시민단체 등 각자의
분야에서 지역을 위해 열심히 일한 사람들이 선출직 공무원으로
뽑히고 있어요.

**미래 전망은
어떨까?**

현재 우리나라의 선출직 공무원은 숫자가 한정되어 있어요.
정책에 따라 가끔 변동이 있지만, 비슷한 수준을 유지하고 있죠.
이 수가 어느 날 갑자기 늘어난다거나 줄어든다거나 하지는 않을
거예요. 하지만 적은 숫자인 만큼 경쟁이 치열해요. 나라를 위해,
지역을 위해 헌신하고, 세상을 바꾸고 싶다는 강력한 마음이
있다면 도전해볼 만한 일이에요. 선출직 공무원은 직업으로
삼기보다는 각자 개인 일을 하다가 국가의 부름을 받아 기회가
되면 헌신한다고 생각하는 게 더 좋아요

설치미술가 강익중

매 순간을 느끼고 감사하라

인생의 한 문장이 모여서 우리가 아는 것이 된다

2017년 가을 동숭동 아르코 미술관에서 열린 강익중 작가님의 전시장을 찾았다. 전시 주제는 '내가 아는 것'. 무려 2,300명 시민들이 자발적으로 보내온 작품을 기증받아 설치한 전시회였다. 우리들은 엄청나게 큰 작품의 규모와 함께 알록달록 화려하고 강렬한 색채 속으로 빠져들었다. 3인치의 작은 네모에 한 글자씩 새긴 글자는 차례로 연결되어 하나의 문장으로 완성되고 이것이 수천 장으로 합쳐져 벽면과 공간을 감싸고 있었다. 강익중 작가님은 인생의 한 문장이 모여서 우리가 아는 것이 된다는 확신이 섰기에 이러한 전시를 기획하게 되었다고 한다.

우리들은 작품 속에서 각자 자신이 가장 좋아하는 문구들을 찾아내고 이야기를 나누면서 작품과 교감을 나누었다. 그런데 과연 이번 전시회에서 작가님의 심장에 가장 와닿은 문장은 무엇일까? 문득 궁금해하는 우리들에게 작가님은 "제 가슴엔 '잔은 채우지 않는다'라는 문장이 가장 와닿았습니다."라면서 "오랜 친구인 중국 화가 빙리가 쓴 문장이에요. 그는 20년 된 화요 런치 클럽의 회원이기도 합니다. 매주 화요일 오후 1시에 싸고 맛있는 식당을 찾아다니는 모임인데요. 런치 클럽의 구성원답게 인생을 잔에 비유해 이야기했네요. 저는 하늘의 순리와 인간의 주도권 비율은 6 대 4가 되어야 한다고 믿어요. 4를 우리가 이룬 후, 6을 자연에 맡기는 셈이죠. 여백의 힘으로 이루어진 동양화처럼요."라고 자세한 설명을 덧붙여 주었다.

어린 시절부터 그림 그리기에 뛰어난 재능

이렇게 멋진 작품을 구상하고 설치한 강익중 작가님은 어린 시절부터 그림 그리기에 뛰어난 소질을 보였다고 한다. "초등학교 3학년 때였어요. 증조할머니의 영정 사진을 좀 더 큰 도화지에 연필로 옮겨 그렸는데, 이를 보신 큰아버지께서 '생전의 할머니를 보는 듯하다.'라며 크게 칭찬하셨습니다. 그날부터 그림은 저의 친구가 되었죠."

칭찬은 고래도 춤추게 한다는 말이 실감 났다. 이후 그림 그리기에 더욱 재미를 붙이게 되었고 초등학교 교내 주최 미술대회에서 여러 번 상을 받았다. 하지만 "당당히 학교 대표로 참가했던 전국 규모의 미술대회에서는 한 번도 상을 못 탔다"고 하면서 당시 믿고 추천해주셨던 담임선생님께 죄송했었던 기억을 떠올렸다. 지금 생각해 보면 아이 그림치고는 완성도가 남달라 어른이 그려준 것으로 오해를 받은 것 같다고 한다. 예를 들어 소방차를 그리면 소방차 바퀴 명암까지 묘사하는 식이었다. 작가님도 가끔 어린이 미술대회 심사위원을 맡기도 하는데, 심사위원 대부분이 어른들이 봐 준 것 같은 그림들을 수상 후보에서 제외시킨다고 한다.

중학생 땐 그림에 대한 열정이 넘쳐서 한밤중에 자다가도 일어나 붓을 들기도 했다. 고등학교에 들어가 미술부 활동을 하면서 유화와 조각을 본격적으로 접했다.

"미술 선생님께서 저를 남달리 귀여워해 주셨어요. 하루는 학교에 놀러 오신 선생님 친구 분께 저를 소개해 주시면서 이렇게 말씀하셨어요. '내가 말했던 학생, 강익중이야.' 무슨 뜻인지 정확히 몰랐지만 기분이 너무 좋았습니다."

아버지의 사업 실패로 집안 사정은 어려웠지만, 조선시대 화가 강희안(1417~1464)과, 표암 강세황(1712~1791)이 직계 조상인 가계라 집안 어른들이 어려서부터 그림에 재능을 보인 강 작가님을 대견스레 여겼다.

고등학교 때 프로 화가가 되는 것도 좋겠다고 생각해 국전을 몰래 준비하기도 했다. 수업도 제때 들어가지도 못하고 국전에 매달리다가 결국 홍익대학교 미술대학 서양화과에 입학하게 되었다. 그렇게 좋아했던 그림 그리기였는데 막상 입학 한 후에는 그림 그리고 싶은 마음이 뚝 떨어졌다. "과 동기들이 정말 천재적으로 그림을 잘 그렸어요. 전 비교할 수도 없었죠. 잘못 들어왔구나 하는 생각까지 들었어요. 제 자신에 대한 실망감이 컸던 거죠." 강익중 작가님과 함께 홍익대학교를 다닌 80학번 친구분들 중에는 최정화 작가님, 문봉선 교수님, 이주헌 미술평론가님, 고낙범 작가님, 박불똥 작가님 등 지금도 한국 미술계를 대표하며 활발히 활동하는 분들이 많다.

그림 그 자체를 그리고 즐겨라

대학을 졸업한 후엔 미국으로 건너갔다 "대학 동창들처럼 작가가 되려고 뉴욕에 간 건 아니었어요. 어려운 집안 형편 때문에 무엇이든 돈을 버는 일이라면 해보겠다는 마음으로 미국행을 결심했습니다."
1984년 1월 뉴욕에 도착한 작가님은 브루클린에 캠퍼스를 둔 프랫(Pratt) 인스티튜트에 입학한 후, 즉시 일을 구했다. 델리에서 일하면서 채소를 다듬으며 샌드위치를 만들었고, 옷가게 점원과 차이나타운에서 시계 노점상으로도 일했다.

강익중 작가님이 서울 광화문에 설치한 가림막 작품, '광화에 뜬 달'. 조각보색 배경의 달을 그린 작품 천여 점을 모아 광화문을 만들고 인왕산과 우리 강산의 아름다운 산을 그린 작품 천여 점을 모아 하늘을 그렸다.

"돈을 벌기 위해 하루 12시간 이상 온갖 일을 하느라 고단했지만, 새로운 환경이 저에게 신선한 용기를 주었습니다. 지하철을 타고 일터와 학교를 오가는 때가 유일한 자유 시간이었는데, '어떻게 하면 이 시간 동안 지하철 안에서 그림을 그릴 수 있을까?' 궁리 끝에 나온 것이 저의 트레이드마크인 '3×3인치' 그림입니다. 손바닥만 한 크기의 정 사각 캔버스 위에 저와 제 주변의 모습과 일상의 풍경들을 기록하기 시작했죠. 캔버스를 손에 들고 그리니까 지하철에서도 온전히 집중할 수 있어 좋았어요. 거기에 제 이야기를 끊임없이 던지는 거죠. 내가 아는

백남준 선생님과 함께 한 멀티플 다이얼로그전.

것, 옆에 있는 것, 쉽고 편한 것들을요."

첫해에만 1천 점 정도의 그림을 그렸고, 그 다음해에는 2천 점 정도를 그렸다. 그쯤 되니 그림 그리는 일이 다시 쉬워졌다. 생각나는 대로 그리고, 때로는 아무 생각 없이 손이 앞서서 그림을 그렸다. 그저 되는대로 무조건 그리다 보니 그림 그리는 일이 다시 즐거워졌다. "그때 알게 되었죠. 그림은 고민을 해서 그리는 것이 아니라, 그 자체를 즐기고 그저 그리면 된다는 것을요!"

인생의 멘토 백남준 선생님을 만나다

1992년 뉴저지에서 개인전을 여는데, 맨해튼 소식을 주로 다루는 '빌리지보이스'의 미술평론가 킴레빈이 신문 한 페이지 지면을 할애해 작가님의 전시를 소개해주었다. 그 후로 여기저기서 작품 의뢰가 많이 들어왔다고 한다.

그즈음 '뉴욕타임즈'와 국내 '한겨레 신문'은 '미국 화단에서 맹활약 중인 떠오르는 별'이며 '백남준 뒤를 잇는 가장 기대되는 유망주'라고 강익중 작가님을 소개했다. 곧이어 미국 젊은 기대주들의 전시인 '라우더'전에 초대되었고 1994년에는 휘트니 미술관에서 백남준 작가님과 '멀티플 다이얼로그'전을 열어 세계에 이름을 알리기 시작했다. 휘트니 미술관의 큐레이터 유지니사이는 "두 사람이 비빔밥처럼 갖가지 재료

강익중 작가님을 배려하고 응원해주었던 백남준 선생님과 함께.

를 섞어 반복적으로 표현하는 공통점을 지닌 것 같다"라며 백남준 선
생님과의 2인전 전시를 제안했다. 잠결에 전화로 그 제안을 받았는데,
꿈만 같았다고 한다.

강익중 작가님은 그때 백남준 선생님과 가졌던 짧지만 깊은 만남을 아
직도 선명하게 기억하고 있다. "1994년 선생님과 '코네티컷 휘트니 미
술관'에서 2인 전 준비를 할 때, 독일 뒤셀도르프에 계셨던 선생님께
서 전시 작품 배치를 고민하는 스태프에게 팩스 한 장을 보내셨습니
다. '나는 아무래도 좋다. 강익중이 좋은 자리를 얻는 것이 정말 중요

하다.' 'I am very flexible. It is very important that Ik-Joong has the better space.'라는 단 두 줄의 문장이었지만 저를 배려해주시는 깊은 마음에 가슴이 뭉클했습니다. 백 선생님과의 전시 오프닝 후 월가 솔로몬부라더스의 은행장이 우리를 저녁 식사에 초대했습니다. 식사가 끝날 즈음 백 선생님께서 '30세기에는 무슨 일이 벌어질까?'라는 질문을 던지셨는데, 잠자던 제 의식이 확 깨어나는 느낌이었습니다. 집으로 돌아오는 길에 '백 선생님은 낮에도 별을 보는 분'이라는 생각이 들었습니다. 시대를 꿰뚫어 보는 눈을 지니신 거죠. 과연 저는 몇 년 앞을 바라볼 수 있는지 늘 생각하곤 합니다."

인생에 가장 큰 영향을 끼친 백남준 선생님과 함께 한 분의 멘토가 더 있다. 수화 김환기 선생님의 미망인이셨던 고 김향안 여사다. "김향안 여사는 제게 세 가지를 꼭 지키라고 말씀하셨는데 '아침을 꼭 먹고, 식당에 가면 팁을 많이 주고, 기회와 유혹을 분간할 줄 알아야 한다'는 것입니다. 아침을 꼭 먹으라고 한 것은 몸이 약해지면 쉬운 길로만 가다가 넘어지기 때문이고, 팁을 많이 주라고 한 것은 일하는 사람 뒤에는 언제나 가족이 있기 때문입니다. 마지막으로 '기회와 유혹을 분간하려면 어떻게 해야 하나요?'라는 질문에는 '무슨 일을 하든지 그 일이 자신에게만 이익이 되는지, 아니면 민족과 역사, 세계에 도움이 되는지를 놓고 보면 알 수 있다'라고 답하셨습니다."

세계 평화를 담은 공공미술에 주력

1996년 3월 '아트 스페이스 서울'과 '학고재', '조선일보 미술관' 세 곳에서 동시에 개최한 국내 첫 개인전을 통해 강익중 작가님은 뉴욕에서 지낸 10여 년 동안의 성취를 고국에 알렸다. 성공적으로 국내 데뷔를 마친 작가님은 이듬해 열린 '베니스 비엔날레'에 한국 대표로 참가하여 특별상을 수상했다. 그 후 미술관이나 갤러리 전시보다는 대규모 공공 프로젝트 중심으로 작업을 이어갔다. 백남준 선생님과 김향안 여사와의 만남 이후 늘 생각하고 있던 '한반도 분단 극복과 세계의 화해, 평화'라는 거대한 주제를 표현하기에 공공미술이 더욱 적합했기 때문이다.

강익중 작가님은 특히 아이들의 꿈을 담은 그림을 수집해 모자이크 방식으로 여러 공공미술 설치작품을 제작해왔다. '10만의 꿈'(1999, 파주 통일동산)을 비롯해 120개국 어린이 그림 3만 4000점을 모자이크한 '놀라운 세상'(2001, 유엔 본부)을 제작했다. 2004년 일산 호수공원에 149개국 어린이 그림 12만 6000점을 모은 '꿈의 달'과 2013년 순천 정원박람회국가정원에 어린이 14만 5000명의 그림으로 '꿈의 다리'를 영구 설치했다. '꿈의 다리'는 약 만여 개의 화려한 한글 유리타일 작품으로 이루어져 많은 이들의 찬사를 받고 있다.

강익중 작가님은 아이들과 작업할 때 꿈을 그려달라고 한다. "아이들 그림 속에선 북한의 철수와 남한의 영희가 이미 결혼해서 행복하게 잘 살고 있어요. 오래 묵은 갈등과 상처가 이미 다 풀려 있는 거죠. 예술의 특징은 이렇게 연결하고 치료하는 겁니다. 아이들의 그림을 통해 과거와 현재, 미래를 연결하고 남과 북, 동과 서를 연결합니다. 연결은 제 그림의 가장 중요한 주제이기도 합니다."

강익중 작가님은 공공미술을 통해 왜(why)라는 질문을 던지고 왜 안돼(why not)라는 의문을 불러일으킬 수 있다고 믿는다. 예술가는 높이 올라가서 저 멀리에 뭐가 있는지를 알리는 사람이기 때문이다. "예술가가 낚시대를 던지면 과학자가 끌어 올리고 그걸 경제인이 도마 위에서 자르면 정치인이 나누어 줍니다. 그렇게 세상은 마차 바퀴처럼 굴러가는 것이지요."

3인치 화폭에 담은 한글의 아름다움

강익중 작가님은 시대에 따라 3인치 화폭에 담는 재료와 표현 방식을 달리했다. 80년대 후반에서 90년대 초반에는 다양한 재료를 서슴없이 사용하고 실험적인 표현이 돋보였다면 90년대 말에서 2000년대 초에는 본격적으로 한글이 등장하기 시작한다. 한글을 작품으로 처음 끌어들인 계기는 어린 아들에게 어떻게 하면 한글을 쉽게 가르칠 수 있을까 하는 고민에서부터 비롯되었다.

"한글은 문자 이전에 음양의 조화를 이룬 철학이라고 생각했습니다.

남녀가 결혼해서 아이를 낳듯이, 한글의 모음과 자음이 만나서 소리가 나옵니다. 남북한이 대치하고 있지만 그런 한글 덕분에 반드시 통일될 것입니다. 한글이 통일의 비밀 코드이자 비밀 열쇠라고 생각합니다."

3인치로 된 강익중 작가님의 한글 작품을 처음 구매한 고객은 네덜란드인이었다. 외국인이라서 비록 작품에 새겨진 글자의 뜻은 모르지만, 한글의 아름다운 조형미에 반해 작품을 구매했다고 한다. 작가님은 2010년 상하이 엑스포 한국관의 외벽을 오방색으로 그려진 한글로 설치했다. 그때 신비한 모양의 글자체가 단연 인기를 끌어, 엑스포 주최 측으로부터 영예의 디자인상을 받기도 했다.

광화문 가림막 설치작품으로도 잘 알려져 있는 강익중 작가님은 개인의 이름보다는 공공의 이익을 먼저 생각하는 '아름다운' 아티스트라는 평을 듣고 있다. 우리가 감명 깊게 보았던 동숭동 아르코미술관의 전시회 '내가 아는 것'도 시민들의 메시지를 모아 작품으로 전시해 화제를 모았다.

"'내가 아는 것'을 통해서 사람과 사람 간에 있는 틈새를 채워 세상을 하나로 이어보자는 생각을 해봤습니다. 제가 그동안 해왔던 연결과 조화, 그리고 화합을 강조하는 '달항아리' 작업과도 연결이 됩니다. 그동안 작업을 통해 나의 소리에 귀를 기울였다면, 이번에는 대중들의 다양한 목소리에 귀 기울이고 싶었습니다. 수백 명, 수천 명의 소리가 모여 집단지성을 이룬 뒤 긴 시간이 흐르면 21세기의 정신 문화재가 될 수 있다고 생각해요."

영국 런던 템스 강에 띄운 작품 '집으로 가는 길'.

'집단지성'을 재차 강조한 강익중 작가님은 "작가인 제가 '서로의 생각을 나누면서 서로 배우자'는 개념을 착안해 처음에 제시했다"며 "그러나 작품 제작 과정은 제가 주도했다기보다 시민 2,300명을 비롯해 동료 작가, 큐레이터들의 집단지성이 작동했다"고 밝혔다.

강익중 작가님은 2016년 가을, 실향민 500분의 그림을 받아 제작한 작품을 런던 템스 강에 띄웠다. "지금까지 작업한 것 중 가장 감동적이었어요. 그림 한 장 한 장이 제겐 피카소 작품보다 더 강렬했습니다. 눈물로 그린 고향이었거든요. 어르신들께 '그림 그려주세요' 하면 안 그리세요. 먼저 이야기를 들어드려야 합니다. 말씀하시다가 차츰 감정이 북받쳐 울면서 그림을 그리시죠. 어떤 그림엔 아이들이 등장해요. 그게 바로 자신의 모습인 거예요. 그림을 그릴 땐 일곱 살 어린아이가 되는 거죠. 정말 감동적인 경험이었어요.”

정직하게 자기 일에 대해 창의력을 발휘해야

누구에게나 슬럼프가 있다. 세상이 나만 빼놓고 혼자 돌아가는 것처럼 느껴질 때가 있다. 강익중 작가님도 그럴 때면 현대 음악가인 존 케이지가 캘리포니아의 집에서 아침마다 창문에 앉아 먼지를 보며 했던 명상을 떠올린다고 한다. “내가 먼지처럼 작고 자유롭다면 어디든 통과하고 오르고 내릴 수가 있습니다. 내가 작아지면 세상 밖에서 나를 볼 수가 있습니다. 내가 먼지가 된다면 슬럼프라는 작은 문도 거뜬히 통과할 수 있다고 믿습니다.”

작업을 하지 않을 때는 걷는 것을 좋아한다. 하루에 1만 5천 보에서 많게는 3만 보까지 걷는다. 작업을 계속하다 보니 어깨와 등이 많이 굽는 것 같아 턱걸이도 꾸준히 한다. 맨해튼 강에서 스탠드 아일랜드로 떠나는 무료 페리를 타는 것도 좋아한다. 특히 해질 때 페리를 타고 강 위에서 자신이 살고 있는 아름다운 도시 풍경을 바라보는 것을 즐긴다고 한다. 저렴한 식사에 걸어 다니고 취미 역시 돈 안 드는 운동과 무료 페리 탑승이라니! 부와 명성을 가진 작가의 소박한 생활이 놀라웠다. "혼자 여행을 가면 호텔보다는 유스호스텔에 묵어요. 여럿이 함께 어울리고 공동욕실도 쓰죠. 작은 불편이 오히려 마음을 더욱 편하게 할 때가 많거든요. 어려서 고생을 좀 해서 그런지 배고프면 생쌀도 씹을 수 있고 잘 곳이 없다면 시멘트 바닥에서도 잘 수 있다고 생각해요. 5불짜리 식사면 어때요? 내 입에 맛있으면 그만이죠. 심플한 삶이 좋아요."

성공의 비결에 대해서는 "몇 해 전 뉴욕의 지역 신문에서 재미있는 기사를 읽었습니다. 뉴욕 트라이보로우 다리의 톨 부스를 지나며 일일이 현금을 낼 때였는데요. 유난히 한 줄이 빨리 빠지는 거예요. 알고 봤더니 톨 부스에서 일하던 분이 미리 잔돈을 준비해서 운전자들에게 계산해 준 겁니다. 성공이란 바로 이런 것이라고 생각합니다. 돈을 많이 벌거나 유명해지는 것이 아니라, 무슨 일을 하든지 정직을 바탕으로 자기 일에 대해서 창의력을 발휘하는 것이 성공으로 가는 비결 아닐까요?"라고 이야기하는 강익중 작가님! 이미 세상에 이름이 널리 알려져 있지만 정작 스스로는 이름을 남기는 일에 연연하지 말자고 다짐하곤 한다. "배는 강물 위를 지나가면서 자국을 남기지 않아요. 기름이 샐 때만 지나간 흔적이 남죠. 인생이라는 배의 노를 열심히 저었으니, 이제는 잡고 있던 노를 내려놓고 강 건너에 배가 닿을 때까지 기다려야 합니다. 인생의 배에 오른 예술가에게는 목적지가 따로 없어서 다행입니다. 인연이 닿는 곳이 목적지이고, 매 순간을 느끼고 감사하는 것이 목적입니다."

미술계로 나가려는 청소년들에게 주신 조언과 응원도 우리들 가슴속에 깊은 감동으로 다가왔다.

"아무리 좋은 지도가 있더라도 내가 서 있는 위치를 모르면 쓸모가 없듯이, 내가 어디에 서 있는지 그리고 어디로 가는지 고민을 하는 것이 예술이고 철학이라고 생각합니다. 남이 쓴 철학책을 많이 읽는다고 철학자가 되는 것이 아닙니다. 아무리 작고 보잘것없는 창문이라도 내가 만든 창문을 통해 나의 눈으로 세상을 보는 것이 철학이라고 생각합니다. 10년, 20년 후의 완성된 나를 생각하면 오늘 내가 무엇을 해야 할지 무슨 말을 해야 할지 알게 됩니다. 이 글을 읽는 청소년 모두 미래의 나를 만나 보시기 바랍니다."

강익중 작가님은 독일을 대표하는 루드비히 미술관에서 피카소, 마티스, 백남중 등과 함께 '20세기 미술작가 120인'에 선정되었다. 세계적인 작가이지만 소탈하고 검손한 태도로 살아가는 모습이 굉장히 인상적이었다. 공공미술을 통해 평화와 치유를 추구해온 작가님의 이야기가 오래도록 짙은 여운으로 남을 것 같다.

Interviewer 권혁준

PROFILE

강익준 홍익대학교 서양화과를 졸업하고 미국 뉴욕의 프랫아트인스티튜드에서 석사학위를 받았으며 지금도 뉴욕에 머물러 설치미술가로서 집단지성을 모은 공공 미술작품 전시에 힘을 쏟고 있다. 세계적인 설치미술가 백남준 작가와 2인전을 계기로 이름을 알리기 시작했고 이후 미국과 서울, 중국 등에서 개인전을 열었으며 미국 휘트니미술관 초대작가이자 미국 샌프란시스코 국제공항 벽면 설치작가이기도 하다. 현재 뉴욕의 휘트니미술관, 보스턴의 보스턴미술관, 런던의 브리티시미술관, 서울 국립현대미술관 등에 작품이 소장되어 있다. 1997년 오늘의 젊은 예술가상을 수상한데 이어 베니스비엔날레 특별상을 받았다.

설치미술가

Who

무슨 일을 할까 궁금해

설치미술이란, 1970년대 이후 시작되었어요. 회화, 조각, 영상, 사진 등과 대등한 현대미술 장르의 하나죠. 설치미술가는 다양한 재료로 만든 작품을 주변 환경과 조화를 잘 이루도록 설치해 사람들이 공간 전체를 체험하게 해줍니다. 미술작품만 감상하는 기존 미술의 개념과는 명확히 다르게 공간 전체가 작품이 되는 거죠. 설치미술에서는 미술작품뿐 아니라 비디오 영상을 상영하여 공간을 구성하기도 하고, 음향 등을 이용해 작품을 더욱 멋진 공간으로 구성할 수도 있어요. 그리고 많은 시민들의 작품을 모아 하나의 설치미술로 공간을 완성하기도 해요.

설치미술가의 절대 '매력'

설치미술은 대중을 위해 공공장소에 설치되는 공공미술로 많이 이용돼요. 때문에 미술관뿐만 아니라, 도로, 건물 앞, 공원 등 대중이 이용하는 곳에 설치한 작품을 많은 사람들이 이용할 수 있어요. 그 사람들이 자신의 작품을 좋아할 때 큰 보람을 느낄 수 있고, 의미 있는 메시지로 영향력을 미칠 수 있다는 점도 굉장히 뿌듯해요.

쉬운 일은 없어! 알아둬야 할 설치미술가의 세계

부익부 빈익빈 현상이 심해서 무명작가의 경우 활동하는 데 많은 어려움을 겪을 수 있어요. 특히나 그림처럼 시각적 결과물이 아닌 '개념'을 보여주는 설치미술로는 먹고살기 어려운 것이 우리나라 미술시장의 현실입니다. 설치미술은 국내보다는 해외의 호응이 좋아 해외 진출을 고민하는 작가들도 있어요.

★★★

How

**설치미술가가
되려면?**

미적 감각과 예술적 지식 그리고 풍부한 창의력과 표현력을
필요로 합니다. 사물에 대한 관찰력이 뛰어나고 호기심이 많은
사람에게 적합하죠. 각종 미술작품에 대한 흥미는 물론이고
적극적인 탐구 자세로 세상과 잘 소통하며 세상을 알고 이해해야
좋은 작품을 만들 수 있어요. 문학작품, 영화, 디자인 등 다양한
문화예술 장르에 대한 관심과 지식이 필요해요. 설치미술가가
되려면 자신이 표현하고자 하는 것을 꾸준히 작품을 통해
드러내는 연습을 하는 것이 더 중요해요. 최고의 예술가로
기억되는 피카소는 무려 5만 점의 작품을 남겼습니다. 하루
한 점을 그렸다면 태어나서부터 136년 동안 매일 그려야 하는
양이니, 그 노력의 정도가 짐작이 되고도 남습니다.

**관련
전공학과는?**

회화과, 동양화과, 서양화과, 조소과, 조형예술과 등을 통해
전문적인 지식을 습득하고 훈련을 받을 수 있어요. 그런데 이러한
과정을 거치지 않고 개인적으로 공부하고 훈련하여 경지에 올라
설치미술가의 길로 들어설 수도 있어요.

**미래 전망은
어떨까?**

문화에 대한 사람들의 의식수준이 높아지면서 미술품에 대한
수요가 많아지고 있어요. 정부에서도 다양한 정책적 지원을
추진하고 있고, 일반인들이 미술품을 접할 수 있는 통로가 매우
다양해지고 있습니다. 온라인이나 모바일을 이용한 미술 전시도
이루어지고 있고, 비엔날레(Biennale : 2년마다 개최되는
국제미술전) 등의 미술 전시회가 증가하면서 미술시장이
활발해지고 있습니다. 앞으로 설치미술가의 활동 무대도 더
다양해질 것으로 보입니다.

웹툰 작가 주호민

아이디어와 취재로 승부한다

엄청난 잠재력을 가진 웹툰의 세계

만화는 요술쟁이다. 같은 내용이라도 만화로 접하면 머릿속에 쏙쏙 들어와 퐁당 빠지게 되니 말이다. 특히 스크롤 쭉쭉 내리며 보는 웹툰은 더욱 흥미진진하고 간편하게 즐길 수 있어 우리 일상의 일부가 되었다. 웹툰 이용자가 자그마치 하루 600만 명을 넘어선 시대! 웹툰이 모든 연령층에서 고르게 사랑받으면서 웹툰 작가를 꿈꾸는 사람들이 많아졌다.

웹툰의 가장 큰 매력은 다른 영역과의 컬래버레이션이 가능하다는 점이다. 웹툰을 원작으로 한 드라마와 영화, 게임 등이 다양하게 출시되고 캐릭터 사업도 성공을 거두면서 웹툰의 위상도 날로 높아지고 있다. 콘텐츠만 잘 만들면 수익이 어마어마해지는, 엄청나게 잠재력이 큰 작업이 바로 웹툰이다. 수많은 독자들의 가슴에 따뜻한 감동을 선사했던 동명의 웹툰을 각색한 영화 <신과 함께-죄와벌>도 개봉 초부터 승승장구하면서 천만 관객을 끌어모으며 대 성공을 거두었다. 일평생 남을 도우며 살았던 소방관이 저승에 간 뒤 재판을 받으며 벌어지는 이야기를 담은 이 판타지 영화의 원작자는 우리들이 참 좋아하는 웹툰 작가 주호민님!

우리는 인기 웹툰 작가의 롤모델을 찾아 주호민 작가님의 작업실로 향했다. 반갑게 맞아주신 작가님은 역시나 사진에서 봤던 것처럼 스님 같은 포스를 짙게 풍겼다. 20대 중반부터 삭발이 편해서 밀어 왔을 뿐인데, 불자로 착각해 불교 미술전에 초대받은 적이 있다는 말에 우리들은 웃음을 터뜨렸다.

작가님은 책상과 소파가 있는 아담한 공간에서 매일매일 혼자 웹툰 작업을 한다고 한다. 우리가 방문했을 때도 컴퓨터의 커다란 화면에서 새로운 웹툰이 쓱쓱 탄생하고 있었다. 그런데 그보다 우리들의 시선을 더 끈 것은 연필 스케치가 빼곡히 그려진 조그만 스프링노트였다. 동글동글하고 전혀 잘 그린 것 같지 않은 그림체가 마치 옆자리 친구의 연습장처럼 친근하게 느껴졌기 때문이다. 작가님은 훨씬 화려하고 멋지게 그릴 수도 있지만 스토리에 맞춰 의도적으로 단순하고 간단하게 그린다고 한다. 그것이 이야기와 맞물려 더 묘한 매력을 뿜어낸다. "만화와 일반 그림은 잘 그린다는 기준이 달라요. 인체를 정확히 그리기보다는 이야기에 어우러지면서 상황을 잘 전달하는 그림이 잘 그린 그림이에요. 그래서 만화가들은 인체를 의도적으로 왜곡시켜요."

'원고료 0원'에서 인기 작가가 되기까지

작가님은 학창시절부터 만화 그리기를 좋아해서 친구들이 등장하는 만화를 곧잘 끄적거리곤 했었다. 그렇다고 웹툰 작가나 화가가 되는 꿈은 꾸지 않았다. 화가인 부모님의 미술작업을 바라보는 것은 상당히 흥미로웠지만 화가의 삶이 현실적으로 어렵다는 생각에 직업으로 삼고 싶진 않았다. 그래서 미술학원에 다니거나 정식으로 그림을 배운 적이 없었다.

대학 입학을 앞두고 꿈은 더 좁아지고 현실적으로 변해갔다. 기자나 심리학자 쪽으로 마음을 굳히고 관련 전공 쪽의 대학 문을 두드렸지만 연거푸 실패. 그렇게 성적이 나쁜 것은 아니었는데, 너무 소신지원을 한 나머지 다 떨어지고 재수도 실패했다.

"한마디로 세상이 인정해주지 않는 '루저'였던 셈이죠. 결국 어머니의 권유로 직업전문학교 애니메이션과에 들어갔지만, 군대에 다녀왔더니 학교가 바람과 함께 사라져버린 거예요. 정말 황당했어요."

다니던 애니메이션 학과뿐만이 아니었다. 아르바이트를 했던 대형마트, 음식점 등 방문했던 곳이 자주 사라져 '파괴왕'이라는 별명까지 얻었다. 하지만 이에 대해 작가님은 "우리가 그만큼 모든 것이 빨리 생기고 없어지는 다이내믹한 시대를 살고 있기 때문 아니겠냐." 면서 "우연이 겹쳤을 뿐, 파괴왕이라는 별명도 재미로 받아들이고 있다."고.

다니던 학교가 사라진 뒤 막막함도 잠시, 그대로 주저앉을 수는 없었

다. 무엇을 할까 고민하던 작가님은 자신이 군대에서 겪었던 이야기를 토대로 <짬>을 그려 포털사이트에 올렸다. 무려 1년, 약 11개월 동안 연재를 했지만, 원고료는 '0'원! 돈 한 푼 생기지 않는 고달픈 일이었음에도 자신의 열정을 불태웠다. 비록 원고료는 한 푼도 받지 못했지만, 군대에서 벌어지는 크고 작은 사건을 덤덤하면서도 따뜻하게 풀어낸 이 작품으로 독자만화대상 신인상을 받게 되었다. 주호민이라는 이름을 독자들에게 알리고, 웹툰 작가 대열에 오를 수 있게 만들어준 소중한 작품이 된 것이다. 그 이후 주호민 작가님은 <무한동력>, <신과 함께> 같은 주옥같은 작품을 펴내며 누구나 믿고 보는 작가가 되었다.

피드백이 빠른 웹툰의 장단점

예전엔 만화 한 편 보려면 만화방에 가야 했다. 주머니에 꼬불쳐둔 용돈도 필요했다. 하지만 웹툰은 공짜! 게다가 스마트폰으로 언제 어디서나 볼 수 있으니 가까이하기가 너무 쉬워졌다. 작가님은 그리는 사람 입장에서도 웹툰은 장점이 많다고 한다.

"독자의 반응을 그때그때 직접적으로 받을 수 있어 좋죠. 출판만화는 독자들이 엽서에 평을 써주면 출판사가 전달해주기 때문에 피드백이 느린 편이었어요."

물론 웹툰에 달리는 댓글이 모두 좋은 평만 있는 것은 아니다. 악플도 종종 있다. 그런데 작가님은 악플이라고 무조건 언짢아하지 말고 악플의 기준에 대해 곰곰이 생각해볼 필요가 있다고 강조한다.

"일단 재미없다는 반응은 악플로 생각하면 안 돼요. 만화가 재미없다는 반응은 실세로 재미가 없어서인 팩트성 댓글이기에 무시하면 안되죠."

악플도 참신한 비평이라는 생각이 들면 언제든 받아들인다. 예컨대 전개가 느리다는 반응이 오면 전개를 더 빨리 시키기도 한다. 스토리가 어떻게 전개될지 예상하는 댓글이 있는데 그 댓글이 작가의 생각보다 더 좋은 경우도 있다. 그러면 거기에 영향을 받아서 고치기도 하고 때로 정확히 반전을 간파당할 때는 오히려 바꾸기도 한다.

상상력을 뒷받침해주는 취재가 필요해

주호민 작가님은 한편의 웹툰을 그리는 데 약 3일 정도가 걸린다고 한다. 스토리를 생각해서 콘티를 짠 다음 하루는 작화, 하루는 채색 그리고 수정하는 데 하루가 꼬박 걸린다. 만화는 그림체도 중요하지만 사실 아이디어가 더 중요하다. 스토리가 재미있고, 그 이야기에 그림체가 맞으면 인기를 얻을 수 있기 때문에 만화가는 끊임없이 아이디어를 연구해야 한다. 매번 어디에서 아이디어를 얻는지 궁금해하자 작가님은 "처음부터 완전히 새로운 것을 만들기는 어려워요."라면서 "기존에 나와 있는 것에 다른 이야기를 조합시켜서 새로운 것을 만들죠. 그래서 뉴스라든지 다큐멘터리 같은 최신의 정보들을 놓치지 않고 보면서 트렌드를 파악하려고 노력해요."라고 한다.

<무한동력>은 TV 프로그램을 보다 자기 집 앞마당에 무한동력 장치를 만든 발명가를 보고 힌트를 얻어 그리게 된 작품이고, <만화전쟁>은 뉴스를 보다가 상상력이 뿜어져 나와 그리게 된 작품이라고 한다. <신과 함께>도 무속인과 관련된 다큐멘터리를 보다 관심이 생겨 만화로 구상하게 되었다고.

만화가의 상상력을 뒷받침해주는 건 바로 '취재'다. "흥미가 생기면 책도 보고, 자료도 찾아보게 돼요. 거기다 인터뷰를 하면 만화 내용이 훨씬 풍성해져요. 더 많은 정보가 생기기 때문이죠. 요리로 비유하자면 좋은 재료가 많이 쌓이는 거예요. 재료가 많으니 맛있는 걸 더 많

이 만들 수 있겠죠? 그래서 취재는 반드시 필요해요. 취재는 연재 전에 만 하는 것이 아니라 연재를 하는 동안에도 부족한 것이 있으면 계속 해야 해요." 작가들은 이불 속에서나 꼼지락거리는 줄 알았더니, 그게 아니었다. 발로 뛰며 땀을 흘린 만큼 훌륭한 작품을 얻을 수 있는 거였 다. 주호민 작가는 신화, 민담, 설화 쪽에 관심이 많아서 계속 취재하며 정보를 수집하고 있다. 잔인하고 무자비한 환상 속 요괴들이 현세를 어지럽히는 중국 송나라 시대, 귀연도사와 여연이 팔귀 퇴치의 여정을 떠난다는 내용의 <빙탕후루>도 치열한 취재에 의해 탄생한 신작이다.

삶의 희로애락이 모두 만화의 소재

인기 만화작가이지만 모든 내용을 편하게 쑥쑥 그려내는 것은 아니다. "제가 어렸을 적에 놀지 못하고 계속 일하다가 데뷔하고 결혼도 일찍 하다 보니 스키장엔 가보지도 못했죠. 경험이 없으니 그런 부분은 잘 묘사하기도 어려워요. 그래서 여러분들은 공부도 중요하지만 자기 나 이 대에 누릴 수 있는 많은 것을 해보라고 말하고 싶어요. 삶의 희로애 락 자체가 다 재미거든요. 재미있는 만화를 그리려면 그런 경험을 많 이 해보는 게 중요하죠."
좋은 만화란 편하게 술술 잘 읽히면서도 작가가 말하고자 하는 주제 가 잘 담겨 있어야 한다. 그런데 주제를 너무 노골적으로 드러내면 독자들이 불편해할 수도 있고 그렇다고 너무 깊이 묻으면 독자들이 잘 알아채지 못할 수 있기에 신경을 많이 쓴다. 작가님이 언제나 이야기 하고 싶은 주제는 휴머니즘이다. 그동안 그린 작품의 주인공들은 유복 하거나 잘 나가는 인물들이 아닌 언제나 약자들이었다. <무한동력>도 취업하려는 20대가 주인공이고, <신과 함께>도 평생 당하고 살다가

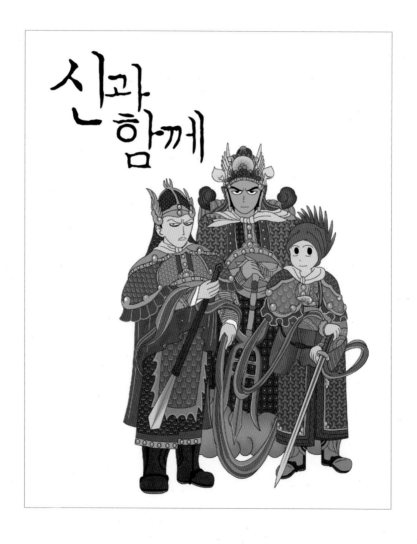

죽은 사람들의 이야기다. 독자들은 이런 작품을 통해 약자에 대한 연민의 정서를 느낀다. "약자들의 이야기에 자꾸 마음이 가면서도 약한 것이 과연 선한 것인가 하는 질문을 스스로에게 묻곤 합니다."

웹툰을 기획할 때는 가우스 전자의 곽백수 작가님, 김풍 작가님 등 친한 동료들에게 보여주고 대화를 나누면서 피드백을 받기도 한다. 이때 혹시 자신만의 아이디어를 뺏기지않을까 하는 걱정은 하지 않는다. 서로 장르가 다르기 때문이다. 신기하게도 만화가들 사이에 팬은 있어도 경쟁의식은 없다고 한다. 인기 순위가 나오는 작업이긴 하지만 만화는 굉장히 공정해서 오로지 재미로 인정받을 뿐, 백그라운드 같은 외적인 요인은 작용하지 않는다.

<신과 함께> 한국만화 명작 100선에 뽑혀

그동안 그린 모든 만화에 다 애착이 가지만 가장 자랑스러운 작품은 <신과 함께>다. <신과 함께>는 '한국만화 명작 100선'에 뽑히며 독자들뿐만 아니라 평론가와 업계 전문가들에게 인정받은 작품으로, 제주도 신화가 바탕이 되었다.

"제주도 신화가 굉장히 재미있고 매력이 있는데 제주도 외엔 잘 알려져 있지 않은 것을 보고 이 신화의 세계관을 바탕으로 이야기를 만들면 재밌겠다고 생각했습니다. 워낙 등장인물이 많아서 한꺼번에 다루긴 힘들고 3부로 나누어서 저승편, 이승편, 신화편으로 나누어 짜임새 있게 3부작으로 나누었죠."

웹툰 연재를 시작할 때는 끝까지 잘 할 수 있을까 불안하기도 하지만, 한 편 한 편 의도대로 만화를 완결 지을 때마다 큰 보람을 느낀다. 그래도 만화를 끝낼 때마다 찾아오는 슬럼프를 비껴가진 못한다. 이제 더 이상 그릴 게 없다는 생각이 들기도 하고 독자들의 기대에 계속 부응해야 한다는 압박도 느낀다. 그런데 더 재미있게 그려야 한다고 욕심을 부리면 평소의 기량이 더 안 나오는 법!

"빈센트 반 고흐가 그림에 대한 재능이 있는지 의문이 들 때면 생각을 멈추고 그림을 그려야 한다는 말을 했어요. 여러 가지 의문들과 잡생각은 오히려 그림을 그리고 있을 때 잠잠해진다는 거죠. 저도 부담감이나 내 재능에 대한 의문 등 생각이 많아질 때면 책상 앞에 앉아 새

웹툰 작가는 마감 스트레스가 심해요. 게다가 연재를 시작하면 끝날 때까지 여행도 갈 수 없어요. 겉으로 보기엔 재미있어 보이지만, 사실 굉장히 힘들고 외로운 직업이에요.

로운 만화를 그려요. 만화를 그리기 시작하면 오로지 종이와 나만 남고 다른 생각들이 사라지거든요. 그런 몰입이 주는 즐거움이 좋아서 만화를 계속 그리고 있는 것 같아요."

존경하는 작가는 많지만 그 중에서 국내 만화가로는 고우영 작가님께 영향을 많이 받았다. 고우영 작가님이 간단한 묘사로 풍성한 이야기를 표현하는 것에 큰 매력을 느껴 주호민 작가님도 그림을 더 헐렁하게 간단히 그려야겠다는 생각이 들었다고 한다. 순정만화 <바보>, <아파트> 등 스크롤을 이용해 한 회 한 회 긴장감을 더해가는 강풀 작가님께도 영향을 적지 않게 받고 있다. 흡인력 있는 만화 <기생수>를 그린 이와아키 히토시의 작업방식에서 힌트를 얻기도 했다.

웹툰 작가에게 꼭 필요한 창의력, 성실함, 공감능력

"많은 분들이 만화가가 되려면 기발함이나 창의력을 갖추어야 한다고 생각하는데 성실함이 뒷받침되어 주지 않으면 말짱 도루묵이에요. 현재 웹툰은 주간 연재가 기본이에요. 일주일에 무조건 한 편씩은 만들어내야 하죠. 연재는 독자와의 '약속'이기 때문에 정말, 진짜 힘든 경우를 제외하고는 휴재해서는 안 돼요. '이번 주는 바쁘니 다음 주에 올리지 뭐'라든가, '오늘 못 올려도 팬들이니까 기다려주겠지'라는 안이한 생각으로는 결코 인기 작가가 될 수 없어요."

일주일에 한 번씩 마감에 쫓기다 보니 마감 스트레스를 견딜 수 있는 힘도 필요하다. 연재를 하려면 물리적인 시간이 필요하기 때문에 한정된 시간 안에 그려낼 수 있느냐가 관건이다. 주호민 작가님은 연재할 때 100프로의 힘을 다 써서 그러면 금방 지쳐버리기 때문에 자기 힘의 70프로 정도를 쓰면서 연재한다고 한다. 자신의 능력을 알고 완급을 조절하는 것이 중요하다는 이야기다. 그리고 공감 능력도 좋아야 한다고 덧붙인다. 감정이입이 잘돼서 눈물도 많이 흘리고, 웃음도 많으면 아무래도 독자들이 좋아하는 걸 빨리 알아챌 수 있다고.

작가님의 주 수입은 포털 연재처에서 나오는 원고료다. 미리보기나 다시보기에서 나오는 유료 결제액이다. 인기 만화의 경우 수입도 굉장히 많다. 원고료는 신인작가의 경우 월 약 200만 원 정도에서 시작한다. 더 낮은 경우는 유료수익을 배분하는 구조로 간다. 네이버는 미리보기와 다시보기 서비스를 선구적으로 시작해서 많은 수익이 발생하고 있다. 다시보기 서비스를 만든 사람이 바로 작가님이다.

"3년 전 완결된 만화 <신과 함께>를 유료화했을 때 '돈과 함께'라는 악플이 엄청났어요. 그때 서비스를 시작하고 기사화가 된 뒤 첫 달 결제액 정산이 무려 3천만 원이나 되었어요."

그 뒤 몇 년 사이에 완결 만화의 유료화가 완전히 정착되었다. 그 외 강연료, 전문학원의 웹툰 강사 수입이 더 있다. 캐릭터를 이용한 2차 저작권인 이모티콘이나 캐릭터 상품으로 인한 수입도 있고, 영화화나 드라마화 판권 수익은 많은 돈이 한 번에 들어오기도 한다.

다른 사람과 차별화된 자신만의 작품을 그려라

포털사이트에 들어가 보면 월요웹툰, 화요웹툰, 수요웹툰, 일요웹툰까지 웹툰이 바글바글하다. 그러다 보니 웹툰 작가 지망생들 사이에서는 이제 우리나라는 웹툰 시장이 너무 커져버려 신인 작가들이 들어설 자리가 없다는 볼멘소리가 터져 나온다고 한다. 그런데 포털사이트 편집자들 시각은 좀 달라서, 연재할 작품이 없다고 한다. 왜 이렇게 같은 시장을 바라보는 데 온도 차가 나는 걸까?

"그림을 잘 그리는 사람은 많아요. 그리는 걸 좋아하는 사람도 많고요. 그래서 언뜻 보면 웹툰 시장이 레드오션처럼 보이지만, 포털사이트 편집자들은 뽑을 사람이 없다고 아우성이에요. 뭔가가 부족하대요. 그러니까 누가 봐도 이 사람 만화라는 것을 알 수 있는 필살기를 개발해야 해요. 다른 사람과 차별화할 수 있다면 연재할 확률이 훨씬 더 높아지겠죠?"

우리나라는 웹툰이 발전했지만, 일본이나 미국 같은 경우는 아직 책으로 만화를 보는 게 대세이다. 유럽도 스크롤을 이용한 연출을 아직 낯설게 여기는 편. 외국에 아직 웹툰 시장이 없다니! 웹툰으로 한류를 만들 수 있는 좋은 기회 아닐까? 실제 유럽에서는 한국 웹툰 마니아가 생겨 사인을 받으러 한국까지 오기도 한다. 이제는 세계가 네트워크로 묶여 있어 재미만 있다면 뻗어 나갈 수 있는 길은 무궁무진하다.

이 세상의 많은 성공들처럼 웹툰의 인기도 치열한 노력으로 이루어진다는 것을 느끼게 해준 주호민 작가님! 취재와 공부로 쌓은 탄탄한 내공을 바탕으로 작품을 그려내듯, 들려주시는 이야기 구절마다 재미와 감동이 가득했다. 시간 가는 줄 모르게 흥미진진했던 인터뷰의 마지막은 작가 지망생에 관한 메시지였다.

"가끔 제게 이메일을 보내 '웹툰 작가가 어떻게 되느냐'라고 묻는 작가 지망생이 있어요. 제 답장은 한결같습니다. '제가 글이나 말로 설명해봐야 별 의미가 없습니다. 그린 원고를 보내주시면 거기에 알맞은 조언을 드릴 수 있습니다'라고 하죠. 그렇게 답 메일을 보내면 원고를 보내는 사람이 한 명도 없어요. 그린 게 없다는 말이죠. 일단은 그려야 합니다. 그게 첫 번째예요. 그리기 시작했으면 더는 습작이 아니라 '작품'이에요. 그렇기 때문에 반드시 완결해야 해요. 완결 짓는다는 것, 그 자체가 아주 커다란 훈련입니다. 일단 시작했다면 그냥 그리는 게 아니라 '이건 내 인생작이야'라는 마음가짐으로 해야 해요. 첫째는 시작, 마지막은 끝내기. 그렇게 한번 작품을 끝내고 나면 많은 것을 배우고 얻을 수 있을 거예요. 작가 지망생 여러분의 완성작을 기대할게요!"

Interviewer 권혁준, 김수현, 이채린, 차동근

PROFILE

주 호 민 '삼류만화패밀리' 일원으로 군 복무 이전에 취미 삼아 그림을 그렸다가 2005년 자신의 군 복무 경험을 바탕으로 〈짬〉을 연재하면서 주목받기 시작했다. 〈짬〉으로 2006년 독자만화대상 신인상을 수상하였다. 〈짬 시즌 2〉, 88만 원 세대의 꿈과 현실을 다룬 〈무한동력〉, 한국 신화를 소재로 죽고 난 후의 세계를 다룬 〈신과 함께〉로 최고의 인기를 끌었다. 〈신과 함께-저승편〉으로 2010년 독자만화대상 온라인만화상, 2011년 부천만화대상 우수이야기 만화상, 2011년 대한민국 콘텐츠어워드 만화대상(대통령상), 2011년 독자만화대상 대상을 수상했다.

웹툰 작가

Who

무슨 일을 할까 궁금해

웹툰이란 '웹(web)'과 '카툰(cartoon·만화)'을 합성한 말로 인터넷에서 연재하는 만화를 뜻해요. 웹툰 작가는 만화를 그려 웹에 제공하는 일을 하는데요, 소재 발굴부터 기획, 구상, 취재를 거쳐 시나리오를 작성하고 그림 작업에 들어가죠. 그림을 그릴 때는 콘티(만화 설계도)를 짠 다음 컷을 나누고, 스케치, 펜터치, 채색, 편집, 대사 삽입 등의 순서로 후반작업이 구성됩니다. 컴퓨터를 사용해 그림을 그린 그림을 jpg 파일로 전환하여 웹에 올리면 작업이 끝나죠. 웹툰 작가들은 주로 네이버나 다음 등 대형포털에서 연재를 하는 경우가 많아요. 웹툰만을 전문적으로 서비스하는 레진코믹스나 파파스미디어 같은 사이트도 있어요. 작가들 중에는 본인의 블로그에서 작품 활동을 하는 경우도 있고, 쇼핑몰, 인터넷 서점 등에 관련 웹툰을 연재하기도 해요.

웹툰 작가의 절대 '매력'

자신이 생각해낸 이야기를 많은 사람과 함께 나누며 웃고, 슬퍼하고, 행복해할 수 있어요. 내 이야기에 공감해주는 사람이 많으면 얼마나 기쁘겠어요.

쉬운 일은 없어 알아둬야 할 웹툰 작가의 세계

만화가의 가장 큰 고통은 창작이에요. 매번 아이디어가 펑펑 쏟아지지 않거든요. 그런데 연재를 하면 일주일에 한 번 웹툰을 올려야 해요. 마감 시간은 다가오는데 아이디어가 떠오르지 않으면 말 그대로 피가 바짝바짝 말라요. 솔직히 독자들의 댓글에서 아이디어를 얻기도 해요. 게다가 연재를 시작하면 끝날 때까지 여행도 갈 수 없어요. 겉보기엔 재미있을 것 같지만, 사실 굉장히 힘들고 외로운 직업이에요.

★★★

How

**웹툰 작가가
되려면?**

아이디어만 좋으면 만화를 게재할 수 있는 인터넷 게시판이 아주
많아요. 공개 게시판에 작품을 올려 독자들의 반응이 좋으면
정식으로 연재까지 할 수 있어요. 공모전에 수상하여 데뷔하는
방법도 있어요. 대학만화 최강자전, 네이버 다음 등 포털 공모전,
공공기관의 공모전 등 다양한 웹툰 공모전이 있는데요, 여기서
수상을 하게 되면 수상작을 중심으로 작품을 연재할 수 있는
기회를 잡는 것이 가능하기 때문에 좀 더 빨리 데뷔할 수가 있죠.

**관련
전공학과는?**

콕 집어 웹툰 작가가 되기 위한 정규 교육 과정은 따로 없지만
만화 관련학과 전공자들이 실제 데뷔하여 많이 활동하고 있어요.
만화가 하나의 독립된 산업으로 성장하면서 만화학과가 많이
생겨났는데요, 상명대의 만화전공학과, 청강대의 만화창작과 등
만화를 주 전공으로 하는 학과가 있고, 세종대, 극동대, 청주대,
중보대 등과 같이 만화애니메이션학과로 이름 붙여진 학과들도
있습니다. 만화학과는 주로 애니메이션이나 카툰코믹스 전공
등의 이름이 많지만, 학과보다는 학교마다 성격이 크게 다르므로
이를 잘 살펴보아야 해요.

**미래 전망은
어떨까?**

기존 만화책(출판만화) 시장이 일본을 중심으로 활성화되었다면,
웹툰은 우리나라를 중심으로 활성화되고 있죠. 전체 만화시장의
약 35%를 차지하고 있는 웹툰은 앞으로 국내 만화시장의
성장세를 이끌어나갈 것으로 보여요. 유료형 웹툰 서비스가
활성화되고, 웹툰을 비롯한 디지털 콘텐츠에 대한 정책적 지원도
활발해요. 또한 웹툰을 활용한 영화, 드라마, 게임 등 웹툰 관련
시장이 다양하게 창출되고 있으니 웹툰 작가에 대한 시장 수요도
지속적으로 증가할 전망입니다.

건축가 백준범

최고의 미덕은 활발한 소통이다

세계 최초의 민간인 우주선용 공항을 세우다

미국 뉴멕시코 주의 광활한 사막 한가운데에 마치 커다란 눈(目)처럼 생긴 건축물이 있다. 곡선형으로 이어진 지붕에 아주 단순한 모양이지만 신비롭고 멋진 에너지가 가득한 이곳은 바로 '스페이스포트 아메리카(Spaceport America)'! 민간인을 태우고 우주로 갈 수 있는 세계 최초의 항공기지라고 한다.

아주 오래전부터 인간은 하늘을 날아 우주로 여행하는 꿈을 꾸어왔다. 그리스 신화를 보면 '이카리오스'라는 사람이 밀랍으로 날개를 만들어 태양을 향해 날아가다가 날개가 녹아 바다에 떨어졌다는 이야기가 나온다. 수천 년이 지난 지금, 민간인이 우주로 날아가 여행할 수 있는 우주항공기지까지 세워졌으니 인간이 이루어 낸 위대한 업적 대부분이 꿈에서 출발했다는 말이 실감 난다.

이 역사적인 현장을 처음부터 끝까지 지휘한 사람은 자랑스럽게도 한국인 백준범 건축가님이다. 오랜 외국 생활을 거쳐 현재 서울의 종합공간디자인회사 '창조건축'에서 일하고 있는 그분을 만나기 위해 서울 강남 테헤란로의 사무실을 찾았다. 백준범 건축가님은 반가운 표정에 약간은 긴장된 모습이었다. 인터뷰 질문 하나에도 세심하게 응대해 주려는 열정적인 모습이 무척이나 감동적이었다. 조만간 시공하게 될 근사한 건축물 모형에 시선을 빼앗겼던 우리들은 곧 건축가님이 조근조근 들려주는 어린 시절 이야기 속으로 빠져들었다.

환경 개선의 꿈을 안고 건축 전공

"어렸을 때 전원주택을 스케치하며 놀곤 했습니다. 큼직한 차고에 방이 여러 개 있는 멋진 집을 그리며 상상의 나래를 폈었어요. 획일적인 아파트에 살다 보니 부모님을 모시고 살기에 이상적인 집을 상상하는 일이 즐거웠던 것 같아요. 더 나은 주거환경에 대한 동경이 컸었죠."

그때는 건축가에 대해 잘 알지 못했기에 직접적으로 건축가가 되겠다는 꿈을 꾸진 않았지만 스스로 집 그림을 자주 그렸던 것을 떠올려보면 잠재적인 건축가 지망생이었던 것 같다고 한다.

열다섯! 어린 나이였지만 낯선 곳에 대한 도전의식으로 미국 유학을 떠났다. 처음엔 언어 소통이 잘 되지 않아 어색하고 곤혹스럽기도 했는데, 1년쯤 지나자 어느새 수업이 잘 들리기 시작했다. 영어를 익히는 것을 제외하면 미국의 고등학교 공부는 그렇게 힘들지 않았다. 암기식 공부보다는 스포츠에 대한 비중이 커서 운동을 꼭 해야 했고 시합에 나가면 점수를 후하게 딸 수 있었다고 한다. 건축가님의 미국 고등학교 시절 이야기를 들으면서 대학 입시를 앞둔 우리들은 부러움의 탄식이 절로 나왔다. 그러자 건축가님은 "대학에 가면 정말 공부를 열심히 해야 따라갈 수 있고 졸업하기도 어렵다."면서 우리들처럼 대학의 과를 정할 때 고민을 많이 했다고 한다. 미술이나 회화 쪽에 재능이 있었지만 화가가 될 생각은 없었다. 수학, 과학 등 어느 정도 엔지니어링 분야에도 흥미가 있어서 두 가지를 접목할 수 있는 공부를 하고 싶었다고 한다.

"무엇보다 우리가 살아가는 환경이 개선되었으면 좋겠고, 그런 것에 의미 있는 일을 하고 싶다는 꿈이 건축학과를 선택하게 된 큰 동기가 된 것 같아요."

그런데 막상 건축학과에 입학한 뒤 모형 만드는 것은 곧잘 해냈지만 무엇을 배우고 왜 공부를 하는지 전공에 큰 흥미를 느끼지 못했다. 전과를 고민하다가 친구의 조언으로 대학을 옮겼는데 그곳에서 다행스럽게도 건축가의 꿈에 다시 불이 붙기 시작했고, 오로지 전공 공부에만 매진해 항상 최고점수를 받곤 했었다.

"대학을 졸업하고도 전공을 못 살리고 포기하는 사람도 많은데, 저는 모형을 만들고 디자인하는 과정에 시간 가는 줄 모르고 재미를 느꼈으니 정말 행운아죠. 좋아하는 일이라서인지 밤을 새워도 전혀 힘든 줄도 몰랐어요."

그때부터 뒤돌아보지 않았다. 빨리 건축가가 되어 멋진 설계를 하고 싶은 마음이 굴뚝같았다. 방학 동안에도 한국의 부모님께 잠깐 다녀가는 시간을 제외하고 나머지는 건축에 대한 경험을 조금이라도 더 쌓고 싶어 인턴생활에 몰두했다.

열정으로 돌진한 첫 취업의 문

건축가님은 로드아일랜드 디자인 스쿨을 졸업하고, 하버드대학에서 건축학 석사까지 마친 뒤 세계적인 건축가 렌조 피아노의 설계사무소를 거쳐 '포스터 앤 파트너스'에서 일하면서 굵직굵직한 프로젝트에 참여했다. 이 몇 줄 안 되는 이력으로만 보면 간단해 보이지만 첫 취업의 문으로 돌진했던 이야기를 들으면서 우리들은 건축가님의 열정에 다시 한 번 감동했다.

백준범 건축가님이 제안한 LG Household & Health Care LTD 조감도. 사진제공/ (c) 창조건축.

졸업할 무렵 보스턴엔 일자리 얻기가 어렵지 않았다. 특히 하버드대 선배님들이 끌어주려는 면도 있었기에 기회가 더 열려있었다. 여러 군데 인터뷰를 하고 한 곳에 입사 결정이 되었는데, 하얀 벽만 덩그러니 있는 지하 사무실을 보고 실망해 출근을 하지 않았다고 한다.

보다 더 나은 공간을 꿈꾸어왔던 건축가님은 이왕이면 활동 범위가 넓고 다양한 건축물을 볼 수 있는 곳에서 일하고 싶었다. 미국은 그런 면에서 한계가 있었기에 여러 나라가 밀집해 있는 유럽으로 가자고 맘 먹었다.

백준범 건축가님이 제안한 삼성 R&D centre. 사진제공/ (c) Foester+Partners.

"건축은 책보다 공간에 대한 경험이 중요하기에 유럽에서 자유롭게 여러 곳을 여행해보고 싶었어요. 그즈음 프랑스의 유명한 건축가 장 누벨 선생님 밑에서 일하고 싶다는 열망에 사로잡혀 있었죠. 하지만 그곳은 이력서가 산처럼 쌓이는 곳이니 서류만 내밀어서는 가능성이 희박하다는 생각이 들었어요. 포트폴리오를 성의 있게 만들어서 인사 담당자와 약속도 없이 프랑스행 비행기에 무조건 올랐죠."

회사 리셉션 데스크를 찾은 건축가님은 미리 리서치 해둔 인사 담당자 이름을 대며 만남을 요청했다. 회의 중이니 잠깐 기다리라고 했지만 한참이 지나도록 인사 담당자를 만날 수 없었다. 문득 그냥 갈까 싶은 생각도 들었다. 낯선 나라, 낯선 회사에서 낯선 사람을 약속도 없이 마냥 기다린다는 것은 무척 긴장되고 어색한 일이었다고 한다. "오로지 장누벨 선생님 밑에서 일하고 싶다는 의지로 기다렸어요. 마침내 인사 담당자가 미국인 클라이언트와 함께 나왔죠. 저를 인터뷰한 담당자는 마침 미국에서 서둘러 진행해야 할 프로젝트가 있다면서 당장 내일부터 일을 시작할 수 있느냐고 물었어요. 굉장히 기뻤죠." 만약 미국에서 서류만 보냈더라면 그리고 참을성 없이 인사 담당자를 기다리지 않고 가버렸다면 인터뷰할 기회조차도 얻기 어려웠을 텐데, 적극적으로 준비하고 기회를 찾아 움직였기에 원하는 곳에 입사할 수 있었다.

그 후 유럽에서 14년간 건축가로 활동했던 건축가님은 "런던은 관광하기엔 좋지만 직업인으로서 도시의 일원이 되기에는 적응하기 어려운 곳이었어요. 파리도 무척 아름답지만 실제로 일을 하기에 불편한 점도 많았고요."라면서 외국 생활이 길어질수록 부모님 계신 한국으로 돌아가고 싶다는 마음이 강해졌다고 한다. 처음 서울로 돌아올 때만 해도 잠시 있으면서 한국의 건축 시장에 대해 돌아보자는 생각이었는데, 어느덧 4년 반이 훌쩍 흘렀다.

"나이가 들수록 시간이 더 빨리 지나가요. 학생 때보다 직장생활을 하면 한 달쯤은 금방 지나가죠. 30대까지는 자기가 좋아하는 일에 대한 경험을 충분히 쌓은 뒤 40대부터는 좀 더 의미 있는 일에 시간을 투자할 필요가 있어요."

자연과 조화를 이룬 '스페이스포트 아메리카'

건축가님은 그간 수많은 작업을 해왔지만 가장 성취감을 느끼게 해준 건축물로 '스페이스포트 아메리카'를 손꼽았다.

"건축가는 클라이언트를 위해 그 부지와 환경에 적합한 설계를 해야 해요. 특히 많은 사람들이 이용하는 건축물은 디자인 못지않게 사회 공헌적인 의미를 잘 담아야 하죠. 스페이스포트는 그런 면에서 제게 자부심을 갖게 해준 좋은 기회였어요."

건축가님은 영국 건축가 노먼 포스터가 세운 건축사무소 '포스터 앤 파트너스(Foster and Partners)'에서 근무하며 2007년부터 5년간 '스페이스포트 아메리카' 건축물의 최초 기획에서부터 설계, 시공까지 전 과정을 총괄했다. '스페이스포트 아메리카'는 쉽게 말하면 '우주선용 공항'이다. 우주를 체험하고 싶은 사람들이 이곳을 찾아 3개월여에 걸친 트레이닝을 받고 우주여행을 떠난다. 영국의 '버진' 그룹은 민간 우주 항공을 시도해보자는 도전에 어마어마한 투자를 하면서 이를 위한 공항도 만들자는 사업을 벌였다. 건축가님은 선구자 같은 이런 취지의 사업에 건축가로서 동참했다는 자체만으로도 큰 의미를 두었다.

기지가 있는 뉴멕시코 사막은 미국과 멕시코를 연결하는 통로일 뿐 아니라 주변에 유네스코 문화유적들이 들어서 있는 역사적으로 의미 있는 장소였다. 건축주인 뉴멕시코주에서는 사막의 풍경을 해치지 않는 자연스러운 형상의 랜드마크를 원했다. 또한 이곳을 운영할 버진 갤럭

세계 최초의 민간인 우주정거장 '스페이스포트 아메리카'. 사진제공/ (c) Foester+Partners.

틱(Virgin Galactic)에서는 세계 최초의 우주정거장으로서 건물의 외형은 미래 지향적인 모습을 갖추고 내부 역시 1인당 25만 달러(약 2억 8000만원)의 막대한 우주 비행료를 지불하는 VIP 승객들을 위해 출발 전 정거장에서부터 우주공간을 체험할 수 있도록 편안하면서도 화려하게 꾸며달라고 요청해왔다.

"이 두 가지를 절충하는 것이 가장 큰 과제였어요. 여기에 건축가로서 구현하고 싶었던 예술적 의견까지 담아낼 수 있도록 조정하는 과정이 결코 간단치 않았죠. 그곳의 풍경은 매우 아름다웠어요. 사막과 멀리

사진제공/ (c) Foester+Partners.

보이는 산을 보면 인간의 존재가 작아질 정도로 자연의 위대함이 느
껴지는 곳이죠. 그런 곳에 비환경적이고 너무 외계적인 건축물을 지어
서는 안 되겠다는 생각이 들었어요. 마치 언제나 그곳에 있었던 것처
럼 주변과 잘 어우러지도록 디자인에 심혈을 기울였습니다. 결국 쟁쟁
한 세계 유수의 회사들을 제치고 공모에 당선되었죠."
건축가님은 사막 저 멀리 펼쳐진 시에라 그란데 산의 곡선을 건물로
끌어왔다. 지붕은 흙색의 스테인리스 스틸을, 벽은 부식된 느낌이 나
는 철판을 사용해 사막의 거센 바람에 견디면서도 주변 풍경에 녹아

들도록 했다. 사막 한복판에 낮게 웅크린 기지는 어떻게 보면 상상 속의 우주선 같기도 하고, 혹은 가오리나 박쥐를 연상시키기도 한다.

"건물의 용도가 미래적(Futuristic)이기 때문에, 건물 그 자체는 최대한 인공적인 느낌을 자제하려 했어요. 그런 '반전'이 이 건물의 매력입니다."

단순한 외관과 달리 내부는 과학적이고 편리한 최첨단 시설을 적용했다. 사막의 더운 바람을 식힐 수 있는 콘크리트 튜브(Tube)를 건물 전체에 깔아, 에어컨 없이도 시원한 내부온도를 유지할 수 있으며 터미널과 라운지, 우주왕복선 격납고뿐만 아니라 승객들을 위한 숙소와 트레이닝 센터 등도 마련했다.

"세계 최초로 시도되는 민간 우주공항 건설 프로젝트였던 만큼 매 순간이 도전이었어요. 설계는 물론 관공서의 허가를 맡는 일 하나하나까지 새로운 기준을 만들어가야 했습니다."

사무실이 있는 런던에서 현장인 멕시코 사막까지 아주 먼 거리를 오가면서 열악한 땡볕 현장을 관리하기가 무척 힘들었다. 게다가 여러 해에 걸쳐 공사가 진행되면서 건축주인 멕시코주 정부기관의 단체장이 바뀔 때마다 공사가 중단되는 사태가 여러 번 발생했었다. 스케일이 워낙 크기에 중간에 변경 사항도 많았다. 도면이 이미 완성된 뒤에도 요구 사항이 많아 큰 부분이 흔들리기도 했다. 나중에는 이 프로젝트가 과연 실현이 될까 의구심이 들면서 비관한 적도 있었다고 한다.

"이 모든 난관을 끈질기게 극복하고 프로젝트가 완성되었던 날의 가슴 벅찬 감격은 영원히 잊지 못할 거예요!"

스페이스포트 아메리카의 성공으로 백준범 건축가님은 일약 스타 건축가가 되었다.

건축물에 직선보다는 곡선의 아름다움을 적용하기로 유명한 건축가님! 스페이스포트는 물론 설계 작업에 참여했던 스위스의 폴 칼레 뮤지엄, 독일 쾰른의 피앤씨(Peek&Cloppenburg) 백화점, 파나마 국제공항 등 다수의 작업에서 곡선의 부드러운 외관이 돋보인다.

"직선과 대칭보다 자연스럽고 유려한 곡선의 아름다움에 끌립니다. 물의 흐름, 구름의 모양, 꽃잎이나 나뭇잎의 문양 등 자연적인 요소를 유심히 관찰하는 편이고, 거기서 많은 영감을 얻죠."

사람과 사람 사이의 신뢰를 쌓는 일이 최우선

한국에 돌아온 건축가님은 자동차 BMW의 홍보관 역할을 하는 '모빌리티 라운지(Mobility lounge)'의 디자인 작업을 총괄하기도 했다. BMW 7시리즈 라운지 역시 협곡처럼 흐르는 곡선 벽이 인상적이다. 목재로 여러 모양의 블록을 만들어 필요에 따라 새로운 모양으로 조립하는 이 작업 역시 또 다른 도전이었다고 한다.

"상황과 공간에 맞춰 변화가 가능하고 공해도 적은 모바일 건축은 앞으로 널리 쓰일 것이라고 생각해요. 우주 공항을 짓는 일이든, 움직이는 건물을 구상하는 일이든 늘 새롭고 도전적인 작업에 참여하고 싶은 것이 건축가로서의 바람입니다."

건축가는 많은 사람들이 생각하는 것만큼 자신이 생각하는 예술적 감성만을 표현하기 위해 움직이는 사람이 아니라고 한다. 건축가는 누구와도 교류하지 않고 자신만의 세계에서 고독하게 일하는 존재가 아니라 수많은 이해 당사자의 열망을 결집시켜 표현해내는 사람이라는 것이다. 그래서 '활발한 소통'을 건축 디자이너에게 있어 최고의 미덕으로 여긴다. "진정한 건축가란 건축을 맡긴 고객, 건축물을 둘러싼 주변 자연환경, 그리고 예산 및 자재 공급 등 상황을 모두 고려하며 최적의 완성품을 만들어가는 사람"이라고 강조하는 건축가님은 그러기 위해 건축 과정에 참여하는 모든 사람들이 서로 소통을 잘 할 수 있도

곡선의 미학을 강조한 Tocumen International Airport Panama. 사진제공/ (c) Foester+Partners.

록 조율하는 것도 건축가의 중요한 역할이라고 조언한다.

건축 디자인이란 기술적 · 예술적인 부분보다도 사람과 사람 사이의 신뢰를 쌓는 것이 가장 우선시돼야 하는 작업이다. "건축이란 자동차처럼 눈에 보이는 제품을 파는 것이 아니잖아요. 그러니까 클라이언트는 과연 이 건축가가 자신이 원하는 건축물을 잘 설계할 수 있을지 의구심이 갈 수밖에 없죠. 그래서 자신이 갖고 있는 아이디어를 다른 사람이 신뢰하고 공감할 수 있도록 만드는 방법에 대해 항상 고민해야 해요"

건축가님은 사람들이 거주하는 '집'을 설계할 때면 클라이언트의 취향과 생활을 파악하기 위해 더욱 노력한다. 무엇보다 건축주가 불편하지 않게 생활할 수 있도록 최선을 다한다. 디자인은 개인이 자신들의 취향을 적용시킬 수 있도록 가변적이어야 하고, 쉽게 질리지 않아야 하며 친환경적이고 에너지 자원도 아낄 수 있어야 한다. 좋은 건축가란 이런 수많은 요소를 잘 아우르며 클라이언트에게 적합한 해답을 찾아주는 존재이다.

"그렇기 때문에 이 작업은 굉장히 고되고 엄청난 참을성을 요구해요. 경험을 쌓는데 오랜 시간이 걸리는데다가 좋은 일을 맡으려면 운도 따라주어야 합니다. 실제로 건축가가 되어서 일하게 되면 상상했던 것과 다른 면이 너무 많습니다. 처음에는 그것에 실망해서 못 빠져나오는 사람도 있죠. 하지만 공간디자인에 흥미를 느끼고 이 일을 정말 좋아하는 사람이라면 이만큼 흥미진진하고 보람 있는 일도 드물 거예요. 건축에 뜻있는 여러분들의 많은 도전을 기다리겠습니다!"

Interviewer 권혁준, 김수현, 이채린

PROFILE

백 준 범 1996년 미국의 유명 디자인 학교 RISD를 졸업하고 1999년 하버드 건축대학원에서 석사학위를 취득했다. 프랑스 파리에 있는 '아키텍스 장 누벨'에서 주니어 아키텍트로 경력을 쌓은 뒤 유명한 건축가 노먼 포스터의 '포스터 앤드 파트너스'에서 근무하며 '인천 국제공항', '파나마 국제공항', '잠실 롯데 초고층 타워', 스코틀랜드의 '애버딘 도시 정원' 등 수많은 프로젝트를 이끌었다. 또한 최초의 민간 우주여행 관련 시설인 버진 갤럭시 우주 항공기지 '스페이스포트 아메리카' 프로젝트를 총괄했다. 2012년 한국으로 복귀해 현재 창조건축 상무로 재직 중이며 모바일 건축 'BMW 7시리즈 모빌리티 라운지'를 비롯해 '신세계 복합 쇼핑몰'까지 다양한 프로젝트를 디자인하며 활동하고 있다.

건축가

Who

**무슨 일을 할까
궁금해**

건축가는 고객(건축물의 주인)의 의뢰를 받아 주택, 사무용
빌딩, 병원, 체육관 등의 건축물에 대한 건축계획과 설계를 해요.
우선, 고객으로부터 건축설계 의뢰를 받으면 건축물이 세워질
장소와 건물의 용도, 사업성, 공사비 등을 고려해서 기본적인
설계 방향과 디자인 등을 결정합니다. 그 후 조형미, 경제성,
안전성, 기능성 등을 고려하여 기본설계를 하죠. 기본 설계가
확정되면 건축물의 모습을 작은 모형으로 제작하여 고객에게
선보이게 돼요. 이 모형을 보고 고객이 동의를 하면 설계가
확정되고, 이후 실제 시공을 위한 실시설계에 들어가게 됩니다.
건축의 시공은 건축공학기술자들이 담당하는데, 이때 건축가는
설계도에 따라 시공이 제대로 이뤄지는지 확인을 해요. 대형
설계회사에 근무하는 경우에는 각자 전문 분야만 담당하지만
건축사사무소를 운영하는 경우에는 설계 업무 이외에 경영 및
인사관리 업무도 해야 하고 설계의뢰를 따내거나, 건물주를
대신하여 건축허가를 받기도 해요.

**건축가의
절대 '매력'**

까다로운 여러 가지 조건을 퍼즐처럼 풀어서 원하는 대로
건축물이 완공되었을 때 굉장히 뿌듯하죠. 자신이 설계한
건축물이 사람들의 인정을 받고, 세월이 오래 흘러도 여전히 굳게
서서 반겨줄 때 정말 기뻐요.

**쉬운 일은 없어!
알아둬야 할
건축가의 세계**

늦은 밤 시간까지 고민하고 디자인해야 하는 일이 많아요. 또한
끊임없는 기술의 발전으로 말미암아 늘 새로운 것이 쏟아지는
건축시장이기에 항상 배움의 자세를 가져야 한답니다. 건물을
지을 때 함께 일하는 많은 기술자들을 잘 아우르는 일도 만만치
않다고 하네요. 또한 건축은 많은 사람의 생명을 담보로 하기
때문에 책임감이 뒤따르는 일이라는 것을 잊지 마세요.

How

**건축가가
되려면?**

아름답고 기능적으로 우수한 건축물을 설계해야 할 수 있으므로
창의적인 아이디어와 예술적인 감각을 갖춰야 해요. 많은
건축가들의 우상인 세계적인 건축가 리카르도 레고레타는
좋은 건축가가 되려면 여행을 많이 다니라고 했대요. 아무리
건축 관련 책을 많이 읽더라도 새롭고 좋은 건물을 직접 보는
것만은 못하다고 하면서요. 창조적이고 새로운 건축물들을 많이
접해보고 그 구조에 대해 생각해보는 습관을 들이면 좋겠죠?
여행이 어렵다면 주변에 마음에 드는 건물에 가볼 수도 있고,
동네에 지어지는 현장을 눈여겨보는 것도 좋아요.

**관련
전공학과는?**

건축가로 활동하려면 건축학을 전공하고 건축사 면허를
취득해야 해요. 대개 (전문)대학교의 건축학과, 건축공학학과를
졸업하고 건설회사나 건설엔지니어링회사 등에 입사하여
실무경력을 쌓는 것이 일반적이에요. 건축 관련 학과에서는 각종
건축이론과 건축관련법, 건축설계, 건축CAD, 조경설계 등을
배우면서 건축가로 활동하는 데 유용한 지식을 얻을 수 있어요.

**미래 전망은
어떨까?**

어느 나라나 그렇지만, 건축가는 꼭 필요한 직업이에요. 과거
1980~90년대처럼 건축 경기가 왕성하지는 않더라도 여전히
개발되고 건축해야 할 곳이 산재해 있어요. 오래된 건물은
리모델링을 하던지, 새로 짓든지 하기 때문입니다. 그리고 항상
새로운 디자인이 요구되기 때문에, 스스로 어느 정도 역량이
있고, 안목만 있다면 건축가의 전망은 밝답니다. 비록 국내 건설
산업이 좋지 않은 상황이더라도 해외의 개발도상국이나 산유국
중심으로 대규모 도시건설 및 건축계획들이 진행되고 있기
때문에 건축가의 수요는 끊이지 않아요.

작가 조승연

중요한 것은 돈이 아니라
시간이다

작가란 언어를 통해 감동을 주는 사람

어른들은 말한다. 세상이 휙휙 바뀌고 있다고. 불과 이삼십 년 사이에 핸드폰과 자가용이 흔해질 만큼 세상은 풍요로워졌고 단추 하나 클릭으로 필요한 정보를 얻을 수 있게 되었다. 앞으로는 회계나 법률, 의학적 지식이 보장하던 높은 소득과 단단한 미래도 사라질 전망이다. 우리들이 주인공이 될 미래엔 그동안에 없던 새로운 인재상이 필요하다고 너나없이 입을 모은다. 특히 인공지능이 따라올 수 없는 창조력과 공감 능력이 각광받을 것이라는 전망이 우세하다.

깊어가는 고민 끝에 우리들은 새로운 인재상을 개척하며 지금까지와는 조금 다른 방향을 제시하는 청소년들의 멘토, 조승연 작가님을 만났다. 서구 문화와 영어공부법, 언어학적인 지혜를 녹여 넣은 책으로 20대 초반부터 인기 작가 반열에 오른 조승연 작가님은 세계문화전문가, 영어어휘학습 콘텐츠개발, 강연 등 다양한 일을 하는 뛰어난 인재다. 작가님은 한국어를 포함해 영어, 라틴어, 프랑스어, 이탈리아어, 독일어, 중국어 등 무려 7개 국어를 자유롭게 구사한다. 또한 '비밀독서단', '언니들의 선택', '즐거운 책읽기'와 같은 예능 프로그램에도 자주 출연해서 많은 사람들에게 큰 인기를 얻고 있다. 워낙 많은 타이틀을 갖고 있기에 어떻게 불리길 원하는지 물었다.

"기본적으로 작가라는 타이틀을 좋아해요. 작가란 책을 쓰는 사람이라기보다는 지식들 전달하는 사람이에요. 언어를 통해 감동을 주죠. 글자가 있기 전에는 이 동네 저 동네 다니면서 노래로 지식을 전달하던 시절도 있었어요. 종이는 19세기에서 20세기 초반에 사람들이 구할 수 있었던 테크놀로지였어요. 지식을 전달하는 새로운 방법이 있다면 굳이 활자에만 매달릴 이유가 없죠. 그래서 방송이나 인터넷에도 부지런히 저의 콘텐츠들을 싣고 있는 거예요."

서울의 꼴찌가 미국에선 우등생

강원도 원주에서 나고 자란 작가님은 초등학교 5학년 때 서울로 전학 왔는데, 학교생활에 적응을 잘 하지 못하며 꽤나 힘든 사춘기를 보냈다고 한다.

"한 학년에 열다섯 명 남짓, 선후배도 없이 다 같이 운동장에 나가 놀던, 훈훈한 분위기의 시골학교에서 서울로 전학 오니 입시지옥이 따로 없었어요. 성적순으로 서열이 매겨지고 말 안 들으면 왕따시키는 경쟁적인 분위기에 적응하기가 어려웠죠."

미국 유학길에 오르던 작가님의 어머니는 학교에서 꼴찌를 다투던 작가님을 두고 혼자 떠날 수 없어 미국행 비행기에 함께 올랐다. 이것을 계기로 작가님은 인생에 큰 전환점을 맞이했다. 서울의 과열된 경쟁에서 벗어나 비로소 다시 행복해진 것이다. 단체 기합 등 불합리하다고 생각하는 체벌이 전혀 없었고 선생님들도 고압직이지 않았다. 미국에서는 좋아하는 과목과 선생님을 선택해 강의를 들을 수 있다는 점이 흥미로웠다. 학교 환경 차이도 컸다. 스프링클러가 돌아가는 파란 잔디엔 예쁜 정원이 꾸며져 있었고 빨간 벽돌 건물 속 교실도 시설이 잘 갖추어져 있었다. 집보다 학교가 더 멋지니 날마다 학교 갈 맛이 났다. 학교생활에 흥미를 붙인 작가님은 성적이 쑥쑥 올라 전국 라틴어 경시 대회에서 우수상까지 받았다. 라틴어는 외국인에게 우리나라 한학의 사서오경이나 마찬가지로 어려운 과목이다. 카운슬러 교사가 만류했지만 한국에서 못 배우던 과목을 배워가고 싶은 마음에 용기를 내어 신청했다. 그런데 막상 들어보니 말하기는 없고 문법과 독해 위주여서 오히려 유리했다고 한다. 백인들만의 철옹성 같은 과목에서 상을 받고 문예지에 시와 단편 소설이 실리는 등 다양한 활동을 하면서 영어와 인문학 공부에 자신감이 붙었다.

못 이룬 꿈에서 인생을 배우다

"어머니는 노력만으로 이룰 수 없는 꿈이 있다는 사실을 알려주지 않았어요. 뭐든 할 수 있다고만 하셨죠." 파일럿을 꿈꾸던 작가님은 아무리 노력해도 그 꿈을 이룰 수 없는 신체 조건이라는 현실을 깨닫고 실망이 컸다고 한다.

"그런데 꿈을 꾸되 그것을 못 이룬 경험도 소중하다고 생각해요. 이루지 못했기에 인생이 자기 맘대로 되지 않는다는 것을 알게 되죠. 또한 그 초심이 남아서 못 이룬 꿈이 평생 멋져 보이기도 해요. 저는 파일럿의 꿈을 이루지 못했기에 아직도 비행기만 보면 가슴이 설레요. 하지만 막상 직업이 되었으면 비행기가 별거 아니라는 것을 발견하고 고통스러웠을지도 몰라요. 여러분! 한 번에 꿈을 성취하면 아무래도 허무할 거 같지 않아요? 좌충우돌, 지그재그로 가다보면 어느덧 꿈도 이루는 것이 인생이라고 생각해요."

파일럿이 못될 바에 항공사를 사야겠다는 거창한 꿈을 꾸기도 했었다. 영화 '월 스트리트'를 본 후엔 주식투자로 돈을 벌어야겠다고 생각했다. 그 즈음에 경영대학에 입학했다. 하지만 하루 종일 엑셀 앞에 앉아있는 모습이 멋져 보이지만은 않았다.

"뉴욕에서 나고 자란 친구들을 보면 음악적 식견이 굉장히 높았는데 그점이 참 멋져보였어요. 뉴욕대학생들에게 주는 카네기홀 스탠딩 자리에서 콘서트를 자주 듣곤 하다가 줄리어드에 가서 청강을 하면 학점을 인정해준다는 것을 알게 되었죠. 그래서 음악 감상 이론을 들었어요."

경영학을 공부하면서 동시에 음대 야간과정을 공부한 작가님은 미술사도 공부하기 시작했다. 재미를 붙여 졸업 후엔 프랑스 파리 미술학교 '에꼴 드 루브르'로 건너가 미술사를 본격적으로 공부했다. 이를 위해 프랑스어까지 따로 익혔다. 서로 연관되지 않아 보이는 여러 가지 공부들을 하게 된 이유는 그냥 그때그때 그 길이 멋져 보였기 때문이라고 가볍게 말하지만 이러한 공부들은 훗날 세계문화전문가가 되는 주춧돌이 되었다.

'공부의 기술'로 베스트셀러 작가가 되다

뉴욕대학에 다니던 어느 날부터 집에서 학비가 오지 않았다. 아버지의 사업 실패로 학교를 중단해야 할 처지에 놓인 작가님은 돈도 벌고 후배들의 진로에 도움을 주고자 책을 썼다. 바로 공전의 히트를 기록한 '공부의 기술'! 그 속에 자신만의 공부 노하우를 고스란히 담았다.
"할 줄 아는 게 글 쓰는 것밖에 없어서 용감하게 책을 쓰게 되었어요. 뭐든지 할 수 있다는 미국식 교육방식이 저에게 힘을 실어준 거죠."
그런데 어떻게 무명의 대학생이 쓴 책이 출판될 수 있었을까? 작가님의 도전 의식은 정말 대단했다. 더 많은 곳에 보낼수록 출판될 확률이 높다는 생각에 전화번호부에 있는 출판사에 무조건 원고를 다 보냈다고 한다. 다행히 400여 곳 중 두 곳에서 연락이 왔고 더 높은 인세를 주는 곳에서 책을 낼 수 있었다. 판매량은 무려 50만 부, 인세만 4억여 원이 들어왔다.

"21살짜리가 몇 주간 쓴 책이 잘 나갔다는 것은 운이 좋았던 거죠. 제가 잘 썼다기보다는 사회적 흐름에 우연히 맞아 떨어지는 내용이었기에 성공할 수 있었다고 생각해요."

한창 유학 붐이 일었던 당시는 서구에 대한 동경이 극대화되었던 시절이었다. 그때 미국 심장부에 있던 대학생이 현장감 있게 쓴 내용은 사람들의 관심을 끌기에 충분했으리라.

이후 '이야기 인문학', '그물망 공부법', '플루언트' 등 20여 권을 추가로 출간해 인세로만 총 7억 원 이상을 벌어 들였는데, 그 돈을 20대에 다 탕진했다. 물론 혼자서 다 쓴 것은 아니었다. 학비를 내고 부모님의 살림살이를 돕다보니 수중에 2억 5천만 원 정도가 들어왔다고 한다. 자신의 카드로 명품 쇼핑을 하고 잡지에서만 보던 레스토랑에서 와인을 마시면서 돈을 실컷 써보니 그 뒤론 쓸데없는 욕심이 생기지 않았다. 막상 써보니 별거 아니라는 것을 깨달았다고 할까. 물론 20대 때 일이니까 웃으면서 얘기할 수 있는 것인지도 모를 일이다.

22살에 베스트셀러 작가라는 타이틀을 얻었지만 무조건 좋은 것만은 아니었다고 한다. 성공하려면 운, 주변 사람들의 도움, 타이밍 등 많은 요소가 필요한데 너무 젊은 나이에 성공하면 그런 걸 모르고 '모든 게 다 잘난 내 덕분'이라고 생각하기 쉽다. 평생 승승장구할 거라는 믿음으로 돈도 다 써버리고 같이 놀던 친구들과도 멀어지고 그러다 추락

하면 다시 올라오기 힘들어질 수도 있다. 작가님도 베스트셀러 작가가 되었지만 책이 점점 안 팔리고 가깝다고 생각했던 방송국 관계자마저 전화를 피하던 시절을 견뎌내야만 했다. 반면에 좋은 점도 있었다. '자리가 사람을 만든다'고 '베스트셀러 작가'라는 수식어에 걸맞는 사람이 되기 위해 더욱 분발하게 되었다. 기대를 충족시켜야 한다는 부담감때문에 오히려 더욱 노력하고 도전하는 용기를 갖게 된 것이다.

자신이 좋아하는 스타일로 공부해야 능률이 오른다

공부에 관한 책을 여러 권 쓴 조승연 작가님은 그것을 읽는 우리 학생들의 관점도 중요하다고 말한다.

"책을 보고 항목 하나하나에 매달리지 말고 관통하는 하나의 철학이 무엇인지 봐줬으면 좋겠어요. 그것은 자신을 공부에 맞추지 말고 공부를 자신에게 맞추라는 거예요. 보통 우린 옷이 크면 수선하고 음식이 싱거우면 소금을 치잖아요. 그런데 이상하게 공부만은 학교와 교과서라는 틀에 억지로 자기를 맞춰요. 그러니까 하기 싫죠. 공부는 머리가 아니라 엉덩이로 한다는 말처럼 한국의 교육제도는 집중력 좋은 사람 위주로 디자인 되어 있어요. 근데 전 엄청 산만하거든요. 6시간 앉아 있으라고 하면 돌아버릴 걸요? 그러니 3시간 집중할 수 있는 사람은 3시간씩 나눠서 하고 저처럼 산만한 사람은 20분씩 공부해보자는 거예요. 20분이라는 시간 단위가 중요한 게 아니죠."

작가님은 반드시 학원이나 학교에서 가르치는 방법을 곧이곧대로 따른다고 해서 공부를 잘 하는 것은 아니라고 한다. 잡지나 신문 읽기를 좋아하면 잡지나 신문에서 배우고 텔레비전 시청을 좋아하면 텔레비전을 통해 배울 수도 있다는 것. 다만 이런 방법들을 학과 공부에 연결시키는 것이 필요하다.

공부를 할 때는 다른 데 신경 쓰지 말고 오로지 공부에만 몰두하는 것이 효과적이다. 예컨대 공부하는 자세도 굳이 책상에 똑바로 앉아서 할 필요가 없다. 자기에게 가장 편한 자세로 앉아서 하면 그만이다. 작가님은 남들이 어렵다고 쩔쩔 매는 경제학 이론도 가장 쉬운 말로 요점을 정리하면서 이해했다고 한다. 고급 회계를 배울 때는 조그마한 공장을 만화로 그려놓고 그 안에서 물건이 움직이는 상상을 하면서 내용을 살펴보았더니 쉽게 이해할 수 있었다.

20분마다 과목을 바꿔서 공부하는 것도 효과적이다. 우리의 뇌는 몸 전체에서 사용하는 것과 동일한 양의 영양분을 필요로 하는 큰 근육이다. 따라서 뇌도 근육과 마찬가지로 사람마다 한 번에 쓸 수 있는 능력에 한계가 있다. 오랫동안 효율적으로 사용하려면 적당한 휴식이 필요하다. 작가님은 고등학교 2학년 때 한 과목을 20분 동안 공부한 뒤 두뇌의 다른 부분을 사용할 수 있는 전혀 다른 과목으로 옮겼다가 다시 원래 공부했던 과목으로 돌아오는 것이 가장 효율적이라는 사실을 발견했다. 예를 들어 수학을 20분간 공부했다면 국어를 20분간 공부해 좌뇌와 우뇌 활동의 균형을 맞추어주는 식이다. 항상 소설책이나 시집 몇 권을 옆에 두었다가 수학적인 과목을 공부할 때는 도중에 책을 읽거나 피아노를 치며 좌뇌와 우뇌를 20분 간격으로 번갈아 사용했더니 능률이 올랐다.

불어와 독일어 테이프를 사놓고 번갈아 들으며 불어와 독일어를 배우기도 했다. 영어를 배울 때는 다른 학생들처럼 몇 년을 공부해도 어렵기만 했는데 불어와 독일어는 공부 방법을 터득한 후 그 방법대로 공부했더니 6개월간 익힌 실력으로 뉴욕에서 마주치는 웬만한 유럽 사람과 그 나라 언어로 어렵지 않게 대화할 정도의 실력을 갖추게 되었다고 한다.

공부에도 설계도가 필요하다

무턱대고 공부만 할 게 아니라 공부를 시작하기 전에 설계도를 만들어 보는 것이 좋다고 강조한다. "나는 무엇을 알아야 하는가? 내가 원하는 정보를 어디서 찾을 것인가? 정보를 찾은 후에는 어떻게 기억할 것인가? 이 세 가지 질문은 집을 지을 때 반드시 필요한 설계도와 같아요. 공부도 공부하는 순서와 방법을 설계한 뒤 시작해야 능률적이죠. 미리 설계하면 내가 배워야 할 것들, 특히 반드시 알아야하는데 잘 모르는 것들을 한눈에 파악할 수 있게 되요. 그러면 무작정 교과서나 노트를 몽땅 다 훑어보느라고 시간을 낭비하지 않고 모르는 것만 골라서 집중적으로 살펴볼 수 있어요. 이러한 사전 계획은 지금까지 해둔 공부의 양을 측정하고 앞으로 해야 할 공부의 양도 쉽게 파악할 수 있게 합니다."

생각하는 기술을 익히면 TV뉴스를 통해 슬쩍 본 사건 하나도 공부에 적용할 수 있는 이론과 연결시키는 능력이 생겨 남들이 어려워하는 응용문제를 쉽게 풀 수 있다. 그러려면 어떤 일이든 시작하기 전에 최상의 방법을 먼저 생각한 후 행동에 옮기는 연습을 부지런히 해야 한다.

우리가 인문학을 해야 하는 이유

조승연 작가님은 인문학에 대한 관점이 좀 남다르다. 이공계와 인문계라는 우리나라의 분리 기준 자체가 잘 못되어 있다는 생각이다. 사실 인문학은 모든 순수 학문을 말한다. 그 외는 응용학문이라고 불러야 한다.

"여러분들이 오해하는 부분이 있어요. 숫자가 들어가면 인문학이 아니라고 생각하는데, 수학도 인문학의 굉장히 중요한 부분이죠. 천체, 문법, 음악, 수사 등 그냥 궁금해서 연구하는 학문이 인문학이고 어디에 활용할 것인가 고민하면 그때부턴 인문학이 아니에요. 그런데 인문학이 왜 중요할까요? 바둑에서 알파고가 이겼을 때 이제는 끝났다고 했지만 바둑은 우리가 재미있어 두는 것이고 컴퓨터는 인간이 시키니까 하는 것이죠. 컴퓨터는 우리가 목표를 만들어 주면 사람보다 훨씬 빨리 일을 처리해요. 대신 우리는 재미있기 위해 뭔가를 해요. 그것이 인문학적 사고방식이죠. 쓸데없어 보이는 공부 같지만 그렇기 때문에 인간은 인문학을 해야 해요. 쓸데 있는 일은 컴퓨터가 다 알아서 해줄 테니까요."

안락한 환경이 청소년을 불행하게 해

우리나라는 세계에서 청소년들에게 가장 안락한 환경을 제공하고 있다고 해도 과언이 아니다. 청소년 시기는 결코 안락하면 안 되는 때라는 것을 잘 알기에 안타까움을 토로한다. "청소년 시기는 개성이 강하고 여행도 하고 모험도 해보고 싶은 때잖아요. 그런데 안락하면 이런 도전과 모험정신이 발현되지 않아요. 오늘 우리 청소년들이 불행한 이유는 너무 안락해서라고 생각해요. 역설적이겠지만 집에서 기르는 개를 생각해보세요. 개는 추운 겨울에도 눈밭에 뒹구는 것을 더 좋아하죠. 따듯한 방에 들어가 있는 개는 우울해요. 사람도 마찬가지예요. 우리 어머니들이 자녀들을 자꾸만 따듯한 방에 데려다 놓고 있어요. 그것이 자녀들을 도와주는 것이 아닌데 정말 안타까워요. 만약 제 아버지도 파산하지 않았더라면, 그래서 제가 계속 안락하게 살았더라면 저의 오늘이 있었을까요? 집이 망하지 않았다면 그런 도전 자체도 하지 않았을 테니 아버지의 파산에 오히려 감사해야죠."

작가님은 우리들에게 여행을 간다면 빈민촌에 가서 봉사도 해보고 스스로 안락하지 않게 시꺼먼 연기가 나오는 버스도 타보고 후진국 삼등 열차도 타보면서 이래도 괜찮구나 하는 것을 알아갔으면 좋겠다고 한다. 알바를 하면서 창고에서 자도 큰 문제가 없고 추우면 좀 덮으면 된다는 것을 느껴보는 것! 상상하면 끔찍하지만 경험해보면 아무것도 아니고 나도 할 수 있다는 것을 알게 되는 것! 그런 경험들이 우리들의 삶을 더 풍요롭게 해주는 자양분이 된다고 힘주어 말한다.

청소년으로 돌아간다면 어떤 공부를 더 하고 싶으냐는 우리의 질문에 뜻밖에 운동이라고 대답한다.

"요가와 필라테스로 중심 근육을 키우고 싶어요. 나이가 들어보니 학창시절에 좀 더 근육을 키워놓지 않았던 것이 후회돼요. 어른이 되어 하려니까 너무 힘들어요. 특히 코어 근육이 약하니까 맥주 한 잔에도 아저씨 배가 생기네요. 건강한 마음은 건강한 몸에 깃드는 법! 그러니까 일생의 기초인 청소년 시기에 근력을 잘 다져놓으면 좋겠죠?"

성공한다고 즐거워지는 것은 아니다

"주변의 어른들은 인생을 길로 봤어요. 한 걸음 한 걸음 열심히 걸으라고 하죠. 그런데 전 좀 다르게 생각해요. 인생은 그네와 같아요. 앞뒤로 왔다 갔다 하다 보면 좋을 때도 있고 나쁠 때도 있어요. 그러니 지금 당장 힘들다고 너무 중압감을 가지지 않았으면 좋겠어요. 힘들 때가 있으면 좋을 때도 반드시 오게 되어 있거든요."

성적과 진로 때문에 고민하는 우리들에게 딱 한 번뿐인 인생이니까 열심히 하는 것은 좋지만 그것 때문에 삶이 즐거워질 거라고 착각하면 안 된다고 말한다. 즐거움과 성공을 분리해서 생각하면 좀 가벼워지지 않겠냐고 위로를 건넨다.

"아무리 돈이 많아도 미세먼지 많은 날엔 기분이 나쁘고 아무리 가난한 사람도 햇살 좋은 날 벚꽃이 흩날리면 기분이 좋아져요. 성공하면 물론 좋겠지만 성공자체가 인생을 즐겁게 해주진 않아요. 그러니까 즐거움을 성공과 결부시키려고 하면 안돼요. 성공하지 못했더라도 얼마든지 즐겁게 살 수 있다고 생각하면 좀 편안해지겠죠?"

대신 즐거워지기 위해 다른 노력을 찾아서 해야 한다. 중요한 것은 돈이 아니라 시간이라는 것! 시간은 계속 없어지기 때문에 어떤 타이밍에 무엇인가 해보고 싶은 것이 있으면 그냥 해보라고 조언한다.

"돈 때문에 시간을 낭비하는 것이 가장 안타까워요. 시간을 버려서 돈을 버는 것이 인생이 아니라 돈을 내고 시간을 사는 것이 인생인데 말이죠. 인생을 길게 보고 좀 쿨하게 살았으면 좋겠어요. 적당히 할 거 하면서 지내고 어떤 일이든 너무 무겁고 버거워지면 그만두어도 좋아요."

가끔 작가님처럼 학교생활을 힘들어하는 아이들이 편지를 보내오곤 한다. 한국 학교에서 집중하지 못하는 아이들이 작가님의 책을 읽고 용기를 내어 외국의 유수 대학에 편지를 보내고 입학 허가를 받았다는 내용들이다. 그럴 때면 '또 한 명 구했구나' 하는 생각에 작가로서 큰 보람을 느낀다. 학창시절 우리나라의 답답한 교육 환경이 어떤 느낌인지 누구보다 잘 알기 때문이다.

작가님께 책이란 강의가 아니라 일종의 대화다. 책 안에 있는 내용은 베끼고 외워야하는 불변의 진리가 아니라 어떤 작가가 쓴 생각에 불과하다고 여긴다. "사람들이 어렵다고 하는 고전도 마찬가지에요. 고전이란 옛날 사람이 중요하다고 생각해서 적어놓은 것에 불과한 거죠. 공자가 위대한 성인이라기보다 평생 취준생이었다고 생각해봐요. 어떤 왕도 받아주지 않았잖아요. 인터넷 댓글 읽듯이 공자가 무슨 생각을 했는지 읽어볼까?라는 생각으로 접한다면 독서가 만만해져요. 그러면 책 보는 것이 한결 즐거워지겠죠?"

작가님과 이야기하다 보면 무겁게 생각했던 많은 것들이 가벼워진다. 깔끔한 외모에 또렷한 발성으로 천진난만하게 이야기하는 바로 그 모습 때문에 방송에서도 더욱 인기를 끌고 있는 것 아닐까. 작가님은 아무리 대가가 쓴 책이라도 좋으면 좋고 싫으면 싫다고 말한다. 자기가 좋으면 좋고 싫으면 싫고 잘 맞는 사람이 있으면 모여서 재미있게 일하다가 서로 갈 길 있으면 가는 것! 그런 것이 바로 진정성이라고 믿고 있다는 말씀이 사이다처럼 시원하게 느껴졌다.

요즘 작가님은 격변기를 겪는 많은 사람들에게 어떤 책이 도움이 될까 연구 중이라고 한다. 벌써부터 작가님의 신작을 기대해 본다.

Interviewer 권혁준

PROFILE

조 승 연 작가이자 세계문화 전문가. 뉴욕대 경영학교(NYU Stern School)를 졸업했으며 프랑스어를 독학으로 공부하여 프랑스 최고 미술사 학교인 '에꼴드루부르'에 합격해 2년간 수학했다. <이야기 인문학>, <공부기술>, <언어와 역사> 등 다수의 베스트셀러를 집필했다. tvN <비밀독서단>, JTBC <비정상회담>, MBC <라디오스타>, <마이리틀텔레비전>, KBS <배틀트립> 등의 TV 프로그램에서 외국 언어와 역사문화, 예술을 쉽고 재미있게 전파했다. <노블리스 맨>칼럼니스트이며 <조선일보>위클리비즈 칼럼 '인문학으로 배우는 비즈니스 영어' <동아비즈니스리뷰>에 문화 DNA칼럼을 연재한 바 있다.

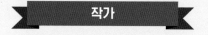

작가

Who

무슨 일을 할까 궁금해

소설, 시, 동화, 수필 등의 문학작품과 방송 프로그램의 대본 그리고 영화, 연극 등의 시나리오를 창작해요. 창작물에 따라 문학작가, 방송작가, 시나리오 작가 등으로 불리죠. 작가는 자신의 개인적인 경험을 바탕으로 작품을 집필하기도 하지만 직접 현장 취재를 통해 자료를 얻기도 해요. 또한 관련 자료를 분석하고 인터뷰 등을 해서 작품에 반영하는 경우도 많아요. 따라서 하나의 창작품을 완결하기까지는 상당한 기간이 걸리고 많은 노력이 요구돼요. 글 쓰는 일을 전업으로 삼아 작가 활동만 하는 사람도 있지만 대학교수로 활동하거나 문화센터, 사설학원 등에서 강의를 하거나 출판업을 겸하는 경우도 많은 편이에요. 작가는 대부분 프리랜서로 활동하기 때문에 작가로서 인지도가 올라가야 높은 원고료를 받을 수 있고, 대학이나 교육기관 등에서 문학작품이나 작가 양성과 관련해 강의를 할 수 있어요.

작가의 절대 '매력'

작가는 세상에 없던 무에서 유를 창조한다는 그 자체로 굉장히 매력적인 직업이에요. 특히 자신의 글을 읽고 감동을 받았다거나 도움이 되었다는 독자들의 피드백을 받을 때 큰 보람을 느낄 수 있죠.

쉬운 일은 없어! 알아둬야 할 작가의 세계

생각한 대로 술술 써지지만 않는 것이 글이에요. 그런 창작의 고통이 작가와 늘 함께 하죠. 소수의 베스트셀러 작가를 제외하고는 작가만으로 넉넉한 생활을 영위하긴 어려워요. 방송작가의 경우 시청률을 높여야 한다는 정신적 압박을 받기도 하고 신문, 잡지에 기고하거나 출판 일정이 정해진 경우 원고마감 시간에 맞춰야 하므로 스트레스가 심해요.

★★★

**작가가
되려면?**

작가로 진출하는 길은 다양해요. 문학작가의 경우 일간지의
신춘문예에 당선되거나 전문지 추천, 문학잡지의 공모전 당선
또는 개인 창작집 발표를 통해 등단해 작가가 될 수 있어요. 등단
후에는 책을 쓰거나 잡지, 신문, 인터넷 등의 매체에 연재 및
기고를 함으로써 작가로 활동할 수 있죠. 온라인 글쓰기 플랫폼을
통해 연재한 다음 책을 발간하는 작가들도 늘고 있어요. 시나리오
작가는 공모전에 입상하거나 자신이 쓴 시나리오를 영화사에
투고해 영화제작 제의를 받기도 해요.

**관련
전공학과는?**

대학의 국어국문학과, 문예창작과 등에서 관련 교육을 받으면
작가로 활동하는 데 도움을 받을 수는 있지만 작가가 되기 위해
꼭 대학을 나오거나 관련 전공을 할 필요는 없어요. 그보다는
작가적 자질을 스스로 키워나가는 것이 더 중요해요. 이를 위해
평소 독서와 사색, 글쓰기 연습을 하고 다양한 경험을 쌓는 것이
필요해요.

**미래 전망은
어떨까?**

작가는 각 분야별로 미래 전망이 엇갈려요. 문학작가의 경우
문예지의 위축으로 전업작가로의 진입과 활동이 제한될
전망이에요. 반면에 영상콘텐츠에 대한 선호도가 높아지고
있어 시나리오 작가, 방송작가의 수요는 증가할 것으로
보여요. 앞으로는 인쇄출판물이 아니더라도 인터넷 기반의
작가 플랫폼을 통해 작품 활동이 가능해지면서 온라인으로
대중과 소통하며 작품을 공유하는 작가들의 활동이 더욱
활발해질 것이라고 해요. 웹소설 등 인터넷 연재 출판콘텐츠가
증가하고 있고 1인 출판 및 자가 출판이 활성화되면서 온라인
출판콘텐츠의 생산과 유통도 확대될 전망입니다.

기업고위임원 미키김

다양한 경험 속에서 꿈을 찾아라

실리콘 밸리 최강 아이티 기업, 구글의 핵심 인재

높은 빌딩숲의 테헤란로, 구글코리아의 사무실에선 서울의 도심풍경
이 한눈에 내려다보인다. 이곳은 영문 Google로 컬러플하게 장식한
리셉션 데스크부터 모든 방문객들이 뽑아야 하는 출입증 기계, 다양
하게 비치된 간식까지 다른 곳에서 흔히 볼 수 없는 근사한 공간으로
우리들의 호기심을 자극했다.
약속 시간이 되자 세련된 옷차림의 미키김 전무님이 나타났다. 본명은

'김현유'이지만 여러 방송에 '미키김'이라는 이름으로 소개되어 널리 알려져 있다. 미키김 전무님은 25살에 삼성에 입사해 35살에 미국 실리콘 밸리 최강 아이티 기업, 구글 상무가 된 성공적인 커리어의 달인이다. 또한 세계 구글 직원 중 최고의 직원에게 수여하는 구글 최고 경영진상을 2년 연속 수상한 핵심인재다. 현재 구글 홈, 크롬캐스트, 구글 와이파이 등 구글에서 만드는 하드웨어 제품들을 아시아태평양 시장에 출시하고 제품의 생태계가 잘 돌아갈 수 있도록 관리하는 역할을 맡고 있다.

대한민국 청춘들이 가장 닮고 싶어 하는 멘토를 만난 우리들은 설레는 마음으로 현재 직업의 매력을 물었다. "아시아 헤드는 대부분 도쿄나 싱가폴에 자리 잡는데 비해 저는 서울로 정했어요. 한국인으로서 구글 하드웨어 사업의 아시아태평양을 맡고 있다는 점이 무척 자랑스러워요. 또한 일본, 호주, 인도 등 여러 나라의 문화를 경험하면서 다양한 사람들과 일한다는 게 정말 매력적이고 즐거워요. 글로벌한 일을 멋지게 하고 싶었던 어릴 적 꿈을 이룬 셈이죠."

학창시절부터 글로벌 비즈니스맨을 꿈꾸다

미키김 전무님은 고등학교 때부터 커다란 가방을 들고 비행기를 타고 바쁘게 다니면서 국제무대에서 일하는 모습을 꿈꾸었다고 한다. 학창

시절엔 좀 오버하는 타입으로 튀는 행동을 종종 해서 눈에 띄는 편이었다. 보통 아이들과는 다르지만, 공부를 그럭저럭 잘 하니 선생님들도 딱히 혼낼 수 없었다고 한다. 힙합을 무지 좋아하기도 했다. 닥터드레, 스눕독, 엠씨해머 노래를 즐겨 들었다. 그때는 국내에 해외 음반이 잘 들어오지 않을 때라 아버지가 미국 출장 다녀올 때마다 앨범 제목을 찍어서 꼭 사달라고 부탁했다. 지금은 사라졌지만 AFKN 방송으로 그래미 시상식이나 미국 드라마도 챙겨 보는 등 어릴 때부터 글로벌한 콘텐츠를 수시로 접했다.

글로벌 비즈니스맨이 꿈이었지만 막상 대학입시에서는 꿈과 상관없이 점수에 맞춰 학과를 선택했다. "솔직히 연세대학교에 가고 싶었는데 수능 점수가 잘 안 나와 고민을 많이 했죠. 원하는 학교의 낮은 학과를 갈 것이냐, 학교는 조금 낮더라고 원하는 학과를 갈 것인가 고민하다가 결국 원하는 학교에 가기로 결정했고 그나마 관심이 있던 역사를 배우고 싶어 사학과를 지원했어요."

지금도 그렇지만 사학과는 당시 취직이 힘든 학과라는 평가를 많이 받았다. 하지만 자기의 현실 때문에 스스로 한계를 두면 안 된다고 생각했다. "내가 되고 싶은 나의 모습, 나의 꿈을 이루려면 내가 가지고 있는 것을 잘 활용해야 하고, 무엇보다 자신에게 부족한 것이 무엇인지 알고 채워나가야 하는 거죠. 그것이 꿈을 향한 과정이고 현명한 방법이라고 생각해요."

글로벌 비즈니스를 할 때 다양한 나라의 문화와 역사를 많이 알면 도움이 되겠다는 생각에 전공 공부도 게을리하지 않았다. 실제로 졸업하고 일하면서 서먹한 미팅에서 대화를 이끌어나갈 때, 세계 여러 나라의 역사와 문화지식으로 재미있게 풀어나가곤 했다.

인턴 경험을 통해 자신이 하고 싶은 일 발견

전공과 하고 싶은 일의 갭을 메우기 위해 경영학과를 부전공하면서 경영학 지식을 익혔다. 그리고 대학교 2학년, 미국에 단기 어학연수를 갔을 때, 그곳 대학생들이 방학 때마다 인턴을 하는 모습을 보면서 꼭 해봐야겠다고 마음먹었다. 그런데 당시는 국내에 인턴 개념이 정착되지 않을 때였다. 그래도 한국에 있는 미국 사람들은 인턴 개념이 있겠다 싶어서 한국에 있는 미국회사들의 주소록을 구입해 영어로 편지를 썼다. 메일을 안 보면 팩스를 보내기도 했다. 정말 꿈을 향해 나가려는 간절함이 대단했었다.

모두 열다섯 곳 중에 보험회사 한 곳에서 연락이 왔다. 세계적인 보험회사에서 첫 번째 사회생활을 시작했는데, 인턴에게 시키는 일은 단순했다. 컴퓨터를 옮겨 새로 설치하고, 프린터로 문서를 복사하면서 자연스럽게 IT 부서 사람들과 친해졌다. 인터넷이 막 보급되기 시작할 무렵이라 어깨너머로 인터넷도 해보고 홈페이지도 만들었는데 너무 재미있었다. "마치 나에게 딱 맞는 옷을 입은 기분이었어요. 그 뒤로

IT분야에서 일해야겠다고 마음먹었죠."

군 복무 후에도 벤처 회사 두 곳에서 일하고 대학교 4학년 때는 앤더슨이라는 컨설팅 회사에서 일했다. 인턴의 경험은 스스로 무엇을 좋아하고 잘 할 수 있는지 알게 해주었다. 대학교를 졸업할 즈음엔 글로벌 비즈니스 중에서 아이티를 하고 싶었고 그중에서도 사람을 만나는 일을 해야겠다는 결론에 도달했다. 졸업하고 첫 직장을 구할 때 어떤 회사들에 집중해야 하는지도 알게 되었다.

"이런 점을 많은 대학생들이 모르고 졸업해요. 저는 적어도 4개 회사에서 일해 보니 알게 되었고, 그 흐름이 지금까지 이어져왔어요. 그래서 학창시절부터 사회경험을 많이 쌓아보라고 여러분들에게 이야기하고 싶어요."

대학 졸업 후엔 삼성전자 해외영업부에 입사해 이스라엘 담당을 맡았다. 미국이나 영국 등 다른 곳보다 힘든 시장이라 선배들이 안됐다는 시선을 보냈다. "인구도 적고 테러 위험까지 있는 나라여서 저도 처음엔 싫었어요. 하지만 긍정적인 성격이라 불평하기보다는 이걸 어떻게 활용해야 나에게 도움이 될까 생각했죠."

그런데 주변인들의 예상과 달리 막상 일을 시작해보니 너무 재미있었다. 이스라엘은 시장 규모가 작은 편이라 신입사원이 회의 준비부터 담당자와 협상하는 큰일까지 도맡아야 했다. 미국이나 영국시장을 맡은 신입사원들은 미팅 장소 잡기라든가 음료나 준비하는 소소한 일을 한다. 기업 담당자와 직접 협상하는 일은 꿈도 못 꿀 일이었다. 영업의 꽃은 가격협상인데 그런 것까지 직접 해내면서 주인의식을 갖게 되었고 뿌듯한 마음이 들었다고 한다.

대기업 경험 뒤 MBA 과정 밟아

이스라엘 영업의 경험을 쌓은 뒤엔 삼성전자를 그만두고 곧바로 미국으로 유학을 갔다. 당시 휴대전화 시장이 성행하던 시기라 정말 잘 나가긴 했다. 하지만 사표를 쓰는 데 미련은 전혀 없었다. 이미 계획한 일이었기 때문이다. UC 버클리 대학원 입학은 대학 때부터 꿈꿔온 일이었다. MBA 과정을 밟으려면 경영대학원 입학시험(GMAT, Graduate Managemant Admission Test)을 보는 등 여러 자격 조건을 갖춰야 하는데 이 준비를 대학 때 미리 해두었다. 대학 4학년 때 치러놓은 GMAT의 점수 유효기간이 5년이었기에, 4년 반 정도 회사를 다니고 바로 퇴사해 유학을 갔다. 특히 에세이를 잘 써야하는데 아이티 기업에서 일한 에피소드가 다양해 수월하게 작성할 수 있었다.

UC 버클리 대학원에 입학했을 때의 성취감은 말 그대로 굉장했다. "처음 캠퍼스를 갔을 때 얼마나 좋았는지 몰라요. 유학생활에서 가장 크게 배운 건 토론문화였어요. 자기 생각을 자신 있게 표현하는 게 정말 중요하다는 것을 깨달았죠. 처음 수업을 들었을 때는 정말 깜짝 놀랐어요. 교수님이 질문하면 학생들이 서로 말하려고 난리가 나서 마치 도떼기시장을 보는 것 같았어요. 선생님이 질문하면 조용해지는 한국의 교실과는 전혀 다른 모습이 인상적이었어요. 아! 이게 진짜 공부하는 거구나, 내가 우물 안에만 있었구나 하는 생각을 많이 했어요."

그들은 진짜 바보 같은 이야기도 당당하게 말하고 그것을 누구 하나 무시하지도 않는다. 오히려 진지하게 접근하다 보면 더욱 새로운 의견이 나올 때도 있다. 실제로 혁신적인 생각은 남들이 바보 같다고 하는 생각에서 비롯된 것이 많다.

"한국에 있을 때는 좀 나대는 성격이라며 핀잔을 자주 들었는데 그곳에서는 그런 성격이 오히려 도움이 됐어요. 치열한 경쟁사회에서 자기 의견을 남에게 당당하게 말하고 본인 홍보를 잘 하는 것은 정말 중요한 일이에요."

자유롭지만 결과를 책임지는 구글 문화

UC 버클리 대학원은 보다 큰물로 나가는 계기가 되었다. 학교를 통해서 구글 회사에 구경을 갔는데, 사무실이 아니라 놀이공원에 간 듯 자유로운 분위기에 반해버렸다. 그 후 실리콘밸리를 상징하는 회사, 구글에서 일하는 것을 목표로 삼았다. 전무님 특유의 간절한 바람과 철저한 준비는 MBA 기간 내내 계속되었고, 결국 구글 입사에 성공했다.

전무님은 아직도 입사 첫날의 기억이 생생하다고 한다. 첫날 늦지 않기 위해 일부러 일찍 가긴 했지만 아무도 출근하지 않은 텅 빈 회사를 걸어 들어갈 때부터 뭔가 다른 느낌을 받았다. 노트북을 받고 정해진 팀으로 갔는데, 그곳에선 출퇴근 시간이 전혀 중요하지 않다고 했다. 혼자 할 수 있는 일은 어디서든 하면 되고 회의만 잘 참석하면 된다는 것, 그리고 결과를 보여주면 된다는 식이었다. 미키김 전무님은 "하루는 보스에게 '오늘 일찍 나가보겠다' 했더니, 보스가 '어쩌라고?' 하는 반응이었어요. 퇴근 시간은 네가 알아서 하는 것이지 이야기할 필요

없다고 해서 충격을 받았죠. 한국에선 정시 퇴근하려면 눈치가 많이 보입니다. 허락도 맡아야 해요. 정시에 퇴근하면서도 '일찍 퇴근해 보겠습니다'라고 해야 하는 분위기에요."라며 같은 일을 해도 자리를 지켜야 했던 한국기업의 스트레스가 말도 못했다고 한다. 실리콘밸리 기업들은 전반적으로 출퇴근에 집착을 안 한다. 일정에 따라 움직이기 때문이다. 심지어 휴식 시간도 타임 테이블에 넣어놓는다. 하지만 자유로움 뒤에는 냉정한 성과 평가가 기다리고 있다. 사람들이 실리콘밸리를 보고 자유로운 기업 문화라고 하지만, 그 뒤에는 결과를 책임지는 문화도 있다고 강조한다.

일정관리를 통해 실천력을 키워라

실리콘밸리에서 흔히 볼 수 있는 자유로운 근무 환경은 철저하게 일정표를 짜고, 그에 따르는 것을 바탕으로 한다. 그런데 일정관리를 효과적으로 하려면 어떻게 해야 할까? 커리어의 달인 미키김 전무님께 조언을 구했다. "지금부터라도 여러분의 일정관리는 스스로 해야 합니다. 앱으로 하면 쉬워요. 구글 캘린더가 젤 좋죠. 내가 언제 뭘 할지를 일별로 주별로 정한 다음, 해야 할 일의 날짜와 시간을 미리 캘린더에 표시해요. 최대한 구체적으로 잡을수록 일정관리가 더 잘 돼요. 친구를 만날 계획이라면 약속장소로 가는 시간까지 계획해보세요. 이렇게

하면 스케줄에 따라 움직일 줄 아는 훈련을 할 수 있죠."

전무님은 계획대로 실천하는 실행력이 대단한 것 같다. 그래서 자신이 원하는 대로 성취할 수 있지 않았을까? 우리들의 이런 생각에 전무님은 "나는 늘 세계적인 무대에서 내가 비즈니스를 펼치는 모습을 상상해 왔어요. 목표는 구체적일 수도 있고 막연할 수도 있어요. 하지만 자기가 원하는 것이 무엇인지는 분명히 알아야 하죠. 그건 자기만 알 수 있어요. 생각만 해도 가슴이 뛰는 일, 내가 그것을 이뤘을 때의 모습을 상상하기만 해도 가슴이 두근대는 일을 해야 성공할 수 있어요."라며 좋아하는 일을 해야 성취할 확률도 높다고 한다.

자신의 목표가 정해졌다면 그것을 이루기 위한 계획을 짜야 하는데, 계획을 짜려면 최대한 많은 정보를 모아야 한다. 요즘엔 SNS가 발달되어 있으니 적극 활용해도 좋다. 이미 그 꿈을 이룬 사람의 정보를 살펴보는 것도 도움이 된다.

그래도 될지 안 될지, 앞을 알 수 없는 상황에서 꾸준히 노력하고 실행한다는 건 쉬운 일이 아니다. 계획대로 실천하는 과정을 끝내 해내는 원동력을 갖기 위해선 꿈을 이룬 자신의 모습을 상상해보는 것이 좋다고 한다.

"모든 일은 양면성을 가지고 있어요. 잘될 수도, 안 될 수도 있죠. 계획대로 되지 않는 일도 있어요. 그래서 아무도 모르는 곳을 향해 달리는 일이 두렵기도 하지만 그 과정을 즐기는 게 중요해요. 그리고 그 과정을 거치고 있는 자신을 스스로 멋있어 해야 해요. 목표를 이뤘을 때 자신의 모습을 자주 상상해보는 것이 좋아요. 확실히 동기부여가 됩니다. 만약 축구선수가 꿈이라면 프리미어 대회 경기에서 골을 넣는 장면을 상상해 보세요. 얼마나 짜릿한 순간일지!"

큰 목표를 이루려면 작은 목표부터 세워라

전무님은 우리들에게 목표를 너무 멀리 세우지 않는 것이 좋다고 강조한다. 마라톤과 똑같다고 보면 된다. 49.195Km를 달린다고 했을 때 처음부터 똑같은 속도로 결승전에 가야 한다고 생각하면 금방 지치기 마련이다. 중간 어디쯤에서는 천천히 달리고 어디쯤에서 물을 먹으면 좋을지 계획해야 오래 달릴 수 있다. 즉 큰 목표를 이루기 위해서는 작은 목표들을 체크포인트처럼 중간 중간에 세워야 한다. 작은 성취감을 느끼면서 힘을 얻는 거다.

"나는 친한 사람들과 보내는 시간도 애초부터 계획해둬요. 갖고 싶은 물건도 바로 사기보다는 언제 사는 게 좋을지 정해놓고 구입하는 편입니다. 이렇게 작은 것 하나도 미리 계획해두면 더 뜻깊은 일이 되니까요."

자기 삶의 주인 의식을 갖고 새로운 목표를 설정해 계획한 대로 실행한 뒤 성취하려는 과정을 꾸준히 반복해왔다는 점이 참 대단해보였다. 이러한 과정을 거치다 보면 힘든 점고 있고 스트레스가 쌓이기도 하는 데 그럴 때는 사람을 만나는 것을 좋아한다고. "기업의 CEO부터 아이돌이나 배우까지 영역을 가리지 않고 다양한 사람을 만나요. 배우 임시완이란 친구와 만나면 같은 업게 사람이 아닌데도 엄청난 수다를 떨죠. 여러 분야의 사람을 만나면 시각을 넓히는 즐거움이 있거든요. 이러한 네트워크 스킬은 청소년 친구들도 충분히 연습해보는 걸 추천합니다. 단짝 친구를 사귀고 같이 노는 친구 무리를 만드는 것도 중요하지만 학교 밖의 친구나 새로운 사람을 만나 다양한 경험을 해보면 더 좋겠죠?"

미키김 전무님은 살아온 발자취도 그렇지만 인터뷰에 응하는 자세에도 에너지가 넘쳤다. 늘 활기차게 생활하기 위해서 먼저 자기 관리를 철저히 한다. 그리고 무엇을 배우거나 일을 하거나 이야기를 할 때도 더 열정적으로 하면 에너지가 더 생긴다고 한다. 그러니까 무엇을 하든 적극적으로 하는 자세가 중요하다고 일깨워주신다.

치열한 경쟁사회에서 성공하기 위해서 항상 스스로에게 거는 주문이 있다. 바로 'Bring your AGame!' 자신이 발휘할 수 있는 최고를 보이라는 의미라고 한다. "오늘 자신의 맥시멈을 보여주려면 그만큼 준비가 되어 있어야겠죠?"

커리어를 쌓을 때도 선택과 집중이 필요하다

성공하는 이들은 자신만의 확고한 전문성과 테마라는 장점을 가지고 있는 경우가 많다. 미키김 전무님도 "사회는 점점 더 전문가를 원하기 때문에 업계나 업무의 전문성을 키우는 사람이 경쟁력을 갖게 됩니다."라면서 "한 개의 우물을 파는 정신으로 커리어를 쌓을 때도 선택과 집중을 해야 해요. 취업 준비에서도 미리 특정 업계를 공부하고 고민한 사람만이 면접에서도 성공할 수 있죠."라고 조언한다. 이력서에 관해서는 "이력서는 며칠만 고민해서 쓰는 것이 아니에요. 평소에 고민해야 합니다. 나는 6개월마다 나의 주요 성과를 정리해서 문서화하고 있어요."라고 해서 우리들을 놀라게 했다.

미키김 전무님은 시간이 갈수록 오히려 목표를 세우고 계획하는 게 더 어려워지는 것 같다고 한다. 이제 올라가야 할 단계가 몇 개 남지 않았기 때문일까? 예전에는 하고 싶은 것을 이루려면 어느 학교, 어느 회사에 가야겠다는 계획이 딱 떨어졌는데 지금은 그렇지 않다. 요즘에는 커리어를 오랫동안 유지하는 방법이 무엇인지를 가장 많이 생각하고 있다.

사실 우리 친구들은 자기 꿈에 아직도 확신을 갖지 못하는 친구들이 많다. 전무님은 그렇다고 조급하게 생각하지 않았으면 좋겠다고 한다. "꿈은 찾는다고 찾아지는 게 아닌 것 같아요. 나도 모르게 찾아오는 거지. 그래서 여러 경험을 다양하게 찾아보라는 거예요. 혼자서 가만히 있으면서 끙끙대지 말고 여러 사람과 만나며 이것저것 해보세요. 직접 체험하지 않더라도 최소한 인터넷 검색이라도 해볼 수 있잖아요? 다양한 정보를 접하다 보면 어느 순간 나에게 딱 맞는 것을 발견하리라 믿어요. 내 몸에 꼭 맞는 옷처럼! 그리고 '어느 회사에서 일하고 싶어요. 누구처럼 되고 싶어요'보다는 그 분야에서 최고가 되겠다고 목표를 높게 설정하는 것이 좋아요. 예를 들어 구글에서 일하는 게 아니라 구글에서 어떤 사람이 될지를 고민하라는 거죠. 그래야 지속적으로 꿈꿀 수 있다고 생각합니다."

목표를 세우고 그것을 향해 매진해서 성취를 이룬 미키김 전무님은 "앞으로도 스스로에게 자랑스러운 사람이 되고 싶다"고 한다. 결국 어떤 직업이든 스스로 만족하는 사람이 되고 싶다는 생각이 꿈을 키우는 데 큰 원동력이 되는 것 같다.

Interviewer 권혁준, 김수현, 이채린

PROFILE

김 현 유(미키 김 Mickey Kim) 연세대학교에서 역사학을 전공했고 그 후 삼성전자에서 이스라엘 휴대폰 시장의 해외영업일을 하다 미국 UC 버클리에서 MBA를 마쳤다. 실리콘밸리 구글 본사에서 2007년부터 근무하며 다양한 신규 사업 제휴를 이끌면서 최고 경영진 상을 2년 연속 수상하였다. 현재는 구글홈, 크롬캐스트, 구글와이파이 등 구글 하드웨어 제품들의 아시아 태평양 총괄을 맡아 한국에 나와 있다. 스타트업 회사 몇 곳의 투자자이기도 하다. 비정상회담, 스타특강쇼, 세바퀴 등 TV 방송에도 종종 출연하고 있으며 2014년 개편된 고등학교 교과서 진로와 직업에도 그의 이야기가 담겨 있다.

기업고위임원

Who

무슨 일을 할까 궁금해

사업체의 전반적인 정책을 수립하고 운영현황과 과거의 실적, 미래의 계획 등을 평가하여 사업계획을 결정해요. 기업고위임원은 회사의 이익을 극대화하기 위해 조사연구, 정보수집, 홍보활동, 판매 등을 계획하고 감독하며 조정하는 업무를 총괄해요. 대외적으로 사업체를 대표하며, 고위 간부와 임원의 임명을 결정하고 승인하기도 합니다. 부서 간의 활동을 조정하고 사업체 운영상의 문제점을 해결하는 것도 기업고위임원의 역할이죠. 기업이 성공으로 가는 과정에서 겪는, 또는 실패를 극복하는 과정에서 겪는 수많은 희로애락이 바로 CEO의 일이랍니다.

기업고위임원의 절대 '매력'

문제 해결의 중심에 선 힘든 자리이지만 가장 액티브하고 창조적인 직업이기도 해요. 또한 상사의 지시가 아닌, 자신만의 판단으로 성공을 향한 어려운 고비를 넘길 때마다 큰 보람과 희열을 느끼죠.

쉬운 일은 없어! 알아둬야 할 기업고위임원의 세계

경영 성과에 따라 교체가 이루어지기 때문에 늘 긴장해야 하는 자리에요. 기업의 성공이란 어느 한순간 실패로 뒤바뀔 수도 있기 때문이에요. 기업고위임원의 의사결정에 회사의 성패가 달려있기 때문에 책임이 크고 막중하죠. 또한 혼자 결정해야 할 일이 많기 때문에 외로운 직업이기도 해요. 많은 직원들을 이끌어나가는 것도 쉬운 일은 아닙니다. 직원들이 서로 협업하고 자신들의 역량을 충분히 발휘할 수 있도록 관리하고 지원해줘야 하거든요.

★★★

How

**기업고위임원이
되려면?**

기업고위임원은 기업의 소유자(대주주)이거나 기업의 사원으로
입사하여 진급할 수도 있고, 해당 분야의 전문가로 능력을
인정받아 기업에 스카우트될 수도 있어요. 기업고위임원이 되기
위해서는 해당 분야에 대한 충분한 실무경험과 지식을 갖추어야
하는데요, 소속되어 있는 기업 관련 전문지식은 물론이고
비즈니스능력, 의사결정능력, 정보 수집능력, 리더십, 협상능력
등을 갖추고 있어야 해요. 또한, 외국 진출을 모색하는 기업이
증가함에 따라 외국어 구사 능력이 필요해요.

**관련
전공학과는?**

기업고위임원에게 특별히 요구되는 학력, 자격은 없지만
일반적으로 대학 이상의 학력 소지자가 대부분이고 사업체의
성격에 따라 해당 분야의 석사 또는 박사학위, 기술사
또는 기타 전문자격증이나 면허가 요구되기도 해요. 관련
교육으로는 기업에서 자체적으로 최고경영층과 부서관리자의
교육 프로그램을 운영하기도 하고 대학교, 관련 협회 등과
같은 외부기관에서 '최고경영자과정(AMP : Advanced
Management Program)'과 같은 교육 프로그램을 운영하고
있어요.

**미래 전망은
어떨까?**

기업마다 지속적인 성장을 위해 전문역량과 리더십을 갖춘
전문경영인을 필요로 하기에 이들에 대한 수요는 꾸준할
전망이에요. 하지만 기업고위임원은 양적으로 매우 한정적이고
변화도 적은 게 특징이에요. 이들의 고용전망은 업종별 성장이나
기업체의 변화 등에 따라 달라요. 전문서비스 및 제품 생산
분야에서 일자리가 생겨날 가능성이 상대적으로 높고, 금융 및
보험, 교육, 건설 및 광업, 판매 분야의 고용 증가는 기대하기
어려울 것으로 보입니다.

자동차 디자이너 이상엽

강력한 스토리텔링으로
고객을 설득한다

호기심과 도전정신으로 자동차 디자인 전공

어떤 매력적인 사물을 볼 때 대부분의 사람들이 놓치는 장면이 있다. 결과를 이루기까지의 노력! 100%를 만들기 위해 1에서 99까지 쌓아온 수많은 노력은 그림자처럼 가려진다. 자동차 디자인도 마찬가지다. 하나의 멋진 자동차가 태어나기까지 어마어마한 노력이 숨어있다는 것을 우리는 상상하지 못한다. 세계적인 명차를 디자인한 디자이너 이상엽 상무님도 끊임없는 노력으로 99를 쌓아 왔기에 오늘이 있다고 말한다.

봄비가 내리는 날, 브라운 컬러 슈트를 맵시 있게 입은 이상엽 상무님을 만났다. 치열한 글로벌 자동차 업계에서 한국인 스타 디자이너로서 명성을 떨쳐왔지만 의외로 자신은 뛰어난 재능을 갖춘 디자이너는 아니라는 말부터 한다. 대신 "항상 어려운 길을 통해서 문을 넓히고 도전을 좋아했다"고 강조한다.

어릴 적부터 그림 그리기를 좋아했던 상무님은 고등학교 1학년 때 디자이너가 되고 싶다는 막연한 꿈을 꾸었다. 그렇다고 진지하게 고민했던 것은 아니었다. 더군다나 자동차 디자이너가 되리라곤 상상도 하지 못했다.

"당시 우리나라는 국가 성장 동력의 일환으로 자동차를 열심히 제조하는 나라였어요. 자동차 문화가 발전하지 않은 상태였고 대학에 자동차 디자인 전공과도 없었어요."

훌륭한 자동차 디자이너가 되려면 자동차를 많이 알고 사랑해야 할 텐데, 상무님은 홍익대학교 미대 조소과에 다닐 때만 해도 자동차에 대해 잘 몰랐다. 졸업할 즈음 순수 미술 작가는 멋있어 보이지만 어느 정도 위치에 오르기까지 배고픈 젊은 날을 감내해야 한다는 현실에 자신이 없어 진로 고민이 많았다. 그래서 미국으로 배낭여행을 떠났고 그곳에서 우연히 자동차 디자인을 전문적으로 가르치는 아트센터 디자인 대학교(Art Center College of Design)를 방문하고 '이거다' 싶은 생각이 들었다고 한다. "우연히 그곳 학생들이 클레이 모델을 만드

아이디어 스케치부터 시연을 위한 모델 제작, 자동차의 내장과 외장에 쓰이는 자재들의 개발까지 모두 자동차 디자이너의 일이다.

는 걸 봤습니다. 제가 조소과 출신이라 더 잘할 수 있을 것 같다는, 아주 단순한 생각이 모티브가 되어 자동차 디자인을 전공하겠다고 마음먹게 됐죠. 디자인보다 더 중요한 자동차산업이나 각 브랜드 역사 및 특성, 심지어 어릴 적 자동차 관련 에피소드도 하나 없이 말이죠. 지금 돌이켜보면 맨땅에 헤딩하는 셈이었어요."

미대를 졸업하고 늦깎이로 유학을 떠나 자동차 디자인을 새로이 공부했다. 군 입대 기간까지 포함하면 대학만 10년을 다닌 셈이다. 막상 낯선 나라에서 시작한 유학생활은 생각보다 훨씬 녹록지 않았다. "그림은 좀 그렸지만 영어도 서툴고 자동차에 대해 잘 몰라 처음엔 멘붕이 왔어요. 다른 학생들보다 나이도 많았기에 '여기서 잘못되면 끝'이라는 절박감도 있었죠. 고민하던 저는 자동차에 대해 잘 모르니 바닥부터 몽땅 배우자는 각오로 임했어요. 지식이나 선입견이 없었기에 마치 스펀지가 물을 빨아들이듯 엄청나게 빠른 속도로 자동차 관련 지식을 흡수할 수 있었습니다. 원래 호기심 많은 성격도 도움이 되었죠."

글로벌 자동차 업계에 센세이션을 일으키다

자동차에 대한 사전 지식 없이 진학한 아트센터 대학을 수석으로 졸업한 상무님은 이탈리아 페라리를 디자인한 회사로 유명한 '피닌파리나'에서 첫 인턴생활을 시작했다.

"당시 피닌파리나에서는 한 번도 인턴을 뽑은 적이 없었는데 제가 재학 중이던 그때, 처음 인턴을 뽑으려고 '겐 오쿠야마'라는 디자이너가 학교에 오셨어요. 저보다 열 살가량 많은 바로 위 세대의 일본 디자이너로 일본에서 태어나서 저처럼 미국으로 진출해 GM, 이탈리아 포르쉐에서 활약하는 분이었는데, 이전부터 존경하고 있었지요. '동양인인 나도 저렇게 될 수도 있겠구나', '차를 저렇게도 디자인할 수 있구나' 하는 꿈의 나래를 펼치게 해주신 분이에요. '피닌파리나'에서 인턴으로 '겐 오쿠야마'의 페라리 디자인을 도와드리면서, 그분 스케치에 페

미국 스포츠카의 대표모델인 '카마로'는 영화 트랜스포머에 등장 하는 '범블비'로 잘 알려져 있다.

라리 고유의 빨간색 칠을 할 때마다 매번 가슴이 쿵쾅댔어요. 브랜드의 철학과 유산, 역사를 배울 수 있었고, 디자이너로서 큰 영감을 느껴본 첫 경험으로 기억합니다."

'피닌파리나'에 이어 독일 '포르쉐 디자인센터'에서도 인턴 경험을 쌓은 상무님은 1999년 선임디자이너로 'GM'에 입사해 미국 스포츠카 대표 모델인 '카마로', '콜벳 스팅레이' 등 콘셉트카의 디자인을 주도하면서 업계의 큰 주목을 받기 시작했다. 특히 영화 트랜스포머에 등장하는 '범블비'로 잘 알려진 '카마로'는 초기 콘셉트부터 2008년 양산에 이르기까지 외장디자인을 직접 디자인하며 상무님의 진가를 전 세계에 알리게 된다. 범블비 아빠로 불리던 상무님은 2010년 폭스바겐그룹으로 자리를 옮겼다. '폭스바겐', '아우디', '포르쉐', '람보르기니', '스코다' 등 다양한 브랜드의 선행 디자인을 이끈 뒤, 2012년 말부터는 영국 왕실 차로 잘 알려진 세계 최고 고급 브랜드 '벤틀리'의 외장 및 선행디자인 총괄을 맡았다. '벤틀리'가 한국 출신의 젊은 청년에게 디자인을 맡기는 것은 매우 이례적인 일이었기에 당시 자동차업계에 센세이션을 일으키기도 했다.

문화적 경험치를 키워야

상무님은 디자이너라는 직업상 여러 나라를 옮겨 다녔다. 정착이라는

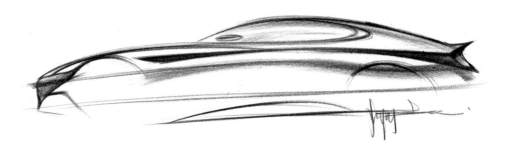

단어와는 거리가 멀었다고 할까! 자동차는 단순한 제조물이 아니라, 생산국의 독특한 느낌과 문화를 반영해야 하기에 디자인을 하려면 그 나라의 역사와 문화, 지형 등을 제대로 알아야 한다. 그런데 어떻게 짧은 시간에 여러 나라들의 특성을 파악해서 디자인으로 표현할 수 있었을까?

"자동차 디자인은 저 혼자 하는 것이 아닙니다. 팀과 함께한 작품이죠. 제가 어떤 자동차 디자인을 담당하게 되든, 현지 동료들과 같이 호흡하려고 노력했습니다."

동양인으로서 낯선 타국에서 팀을 이끌기란 쉬운 일이 아니다. 좋은 팀워크를 위해서 이상무님은 다른 직원들보다 항상 먼저 출근했다.

"제가 결정을 잘 못하면 직원들이 헛일하게 되죠. 그걸 다시 회복하려

면 굉장히 힘들어요. 그래서 팀원들이 일을 잘 수행하고 제시간에 마칠 수 있도록 준비하는데 공을 들입니다. 그래야 직원들의 신뢰와 존경을 받을 수 있겠죠."

또 해당국 사람들보다 그쪽 문화에 더 몰두해서 그 나라 방식으로 먹고 마시며 다녔다고 한다. 폭스바겐에 다닐 때는 질 샌더를 입고, 벤틀리에 다닐 때는 영국 전통 고택에 살고 폴 스미스 옷을 입으면서 그 나라의 문화적 경험치를 키우기 위해 노력했다.

"해외에서 지낸 25년간 제가 한국적인 특성으로 지켜온 건 제 이름 하나였어요. 영국에서는 영국 사람처럼, 독일에서는 독일 사람처럼 살고

자 한 거죠. 종종 제가 동양인임을 잊고 일했다고 할까요?”

같은 영어권 나라라도 영국과 미국식 악센트가 다르듯이 각 나라마다 다양한 문화적 차이가 있는데 그것을 잘 이해해야만 그에 걸맞은 디자인을 할 수 있다. 예를 들어 독일이나 영국은 같은 유럽권이지만 물과 기름처럼 잘 섞이지 않는다. 궂은 날씨가 많은 영국에선 집에서 문학을 즐긴다. 그래서 자동차 디자인에도 멋진 스토리텔링이 필요하다. 반면 독일인들은 모든 것을 논리적으로 생각하고 해결한다. 자동차 디자인도 문제 해결의 개념으로 발전시켜왔다.

가장 뜻깊고 성공적인 평가를 받은 곳이 어디냐는 물음에는 하나하나 모두 소중한 추억이고 감사하다고 답한다. "사실 제 인생의 80프로는 다 실패였어요. 한 번에 성공해본 적이 없었어요. 하지만 저는 실패를 두려워하지 않아요." 미국에서 '범블리'라는 머슬카를 디자인하다가 폭스바겐에 가서 전혀 다른 유형의 자동차인 '골프' 디자인을 처음 했을 때, 폭스바겐의 정체성을 충분히 반영하지 못해 그렇게 하면 당장 해고라는 말까지 들었다. 하지만 실패를 자주 하다 보면 그런 말이 전혀 두렵지 않다고 한다. 성공을 위해서 계속 도전하고 실패해도 또 도전하다 보면 결국 인정받을 수 있다는 것을 경험해왔기에 나중에 잘하면 된다는 배짱이 있었다.

고국으로 돌아온 운명의 시간

이상무님은 2016년에 벤틀리에서의 기회와 성공을 뒤로하고, 현대차 디자인센터장으로 미리 와 있던 '루크 동커볼케'의 스카우트 제의를 과감히 받아들였다.

"벤틀리에 갔을 때, 마침 주요 차종을 일제히 새로 디자인하는 풀 서클 프로젝트(Full Circle Project)가 시작되었어요. 그래서 운 좋게 '컨티넨탈 GT', '플라잉스퍼', '뮬산', '벤테이가' 등의 디자인을 이끌 수 있었습니다. 고급차 의미를 제대로 배울 수 있는 기회였죠. 100년의 역사를 갖고 있는 벤틀리 자동차의 부품 하나하나까지 다 외워야 했

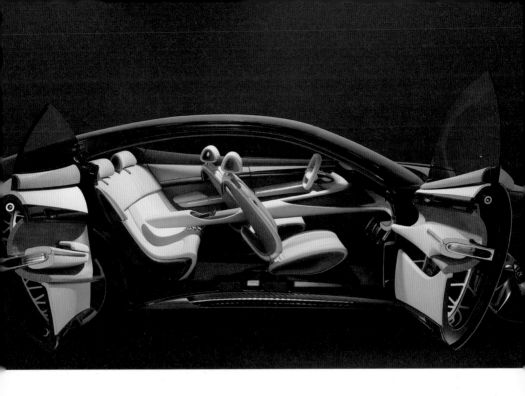

고요. 소수 고객의 취향에 맞추어 섬세하게 디자인하고 만들어야 하는 순수 감성의 가치도 알게 되었죠. 벤틀리에서 더 배울 게 많이 있었지만, 현대차에서 연락이 왔을 때 마치 운명의 시간이 왔다는 느낌이 들었습니다. 한국의 럭셔리 브랜드를 자처하는 '제네시스'라는 브랜드가 론칭할 때 저는 해외 최고의 럭셔리 브랜드에서 경험을 쌓고 있었고, 그 경험치를 한국에서 풀어낼 수 있는 기회를 만난 것이죠. 상황이 착착 맞아떨어지는 운명의 시간이란 걸 믿기에, 앞으로가 더욱 기대됩니다."

이상엽 상무님은 오랜 기간 해외에서 활동해 오면서도 항상 현대·기아 자동차의 디자인 혁신과 경이로운 성장에 신선한 자극을 받았고 한국인으로서 자부심을 느꼈다고 한다. 하지만 25년간 8개국 15개 브랜드를 거치는 동안 외국 생활이 오히려 더 편할 만큼 길들여져 있었다. 게다가 고급 차를 타고 럭셔리 차를 디자인하면서 임원으로 일하는 것이 즐거웠다. 그런 상무님이 한국의 현대·기아차그룹에서 현대차와 제네시스, 상용차 디자인 담당으로 온 이유는 오로지 도전 정신 때문이었다. "이제 '제네시스'라는 브랜드를 포함해 세계시장에서 현대자동차가 세계 최고의 자동차 디자인을 주도하는데 기여하고 싶어요. 그러면 이다음 더 많은 스토리를 가지고 은퇴할 수 있을 거 같아요."

자동차 디자이너의 미래는 밝다

자동차 디자이너만큼 멋지고 좋은 직업도 드물다고 생각한다. 자동차 디자인이라고 하면 대개 차의 내장과 외장을 예쁘게 만드는 작업으로 생각하기 쉽지만 거기에는 훨씬 더 깊은 철학이 담겨 있다. 단지 보이는 면뿐만 아니라 촉각, 후각 등도 중요한 요소다. 모든 센서를 통합해서 고객에게 특별한 가치를 만들어 주는 것이랄까! 이를테면 고객이 지휘하는 오케스트라를 만들어내는 것과 같다.

"자동차 디자이너는 고객이 매일 아침 차를 탈 때마다 어떻게 좋은 느낌을 가질 수 있을까를 생각합니다. 그러려면 기획 단계부터 고객을 설득시킬 수 있는 스토리텔링이 필요하죠. 그래서 하루아침에 될 수 없는 것이 자동차 디자이너입니다."

디자이너로서 프로가 되려면 적어도 10년 이상의 경험이 필요하다고 생각한다. 그전까진 디자이너라고 생각하지 않는다. 특히 기획부터 어떠한 스토리텔링과 성격으로 큰 그림을 그리는 것은 20년은 지나서야 가능하다. 20년 동안 서서히 쌓아올린 능력은 하루아침에 무너지지 않는다.

상무님은 자동차 디자인을 할 때 열정을 가장 중요하게 생각한다. "열정은 타고난 게 아니라 배워가는 것이라고 생각해요. 사람들과 많이 만나고 교류하면서 자연스레 생겨나는 것이죠."

이상엽 상무님은 남들보다 늦었다는 생각, 모르는 것 투성이라는 열등감 자체가 좋은 디자인을 하는 동기가 됐다고 한다. "지금도 유럽의 디자이너들을 만나면 어렸을 적 아빠의 페라리를 보며 디자이너 꿈을 키웠다느니 하는 말을 들어요. 우리 아버지는 포니도 없었는데 말이죠. 하지만 그런 열등감을 극복하고 싶고, 아무것도 모르기 때문에 남보다 더 열심히 노력한 거 같아요."

자동차는 디자인에서 판매까지 대개 4~5년이 걸린다. 그러니까 자동차 디자이너는 몇 년 후의 트렌드를 먼저 읽어야 한다. 마켓 동향을 파악하고 5년 후를 준비하려면 가슴이 먼저 열려야 한다. 상무님은 이를 위해 평상시 오감 센서를 다 열어놓고 지낸다고 한다. 하다못해 마주 보고 있는 벽체 하나를 봐도 어떤 느낌일까 살펴보며 영감을 얻는다.

Genesis Essentia 콘셉트카.

좋은 디자인이 나오려면 팀워크가 필수다. 수평적인 관계에서 서로 의견을 자유롭게 낼 수 있는 팀 환경에서 좋은 디자인이 나올 수 있다"고 설명했다. 자신의 디자인을 발표하고 사람들을 잘 설득시키는 것도 훌륭한 디자이너가 갖춰야 할 능력이다. "정말 중요한 프레젠테이션이 있으면 열두 살 딸아이 앞에서 연습해보곤 해요. 딸이 이해할 수 있으면 대박인 거죠."

자동차는 특히 디자인이 판매에 많은 영향을 준다. 그만큼 부담감도 크다. "새로운 자동차 디자인을 개발하는 데는 막대한 자금이 들어요. 이런 부담감을 멋진 차를 만들겠다는 도전으로 승화시켜 재미있게 일하려고 노력해요. 사실 스트레스와 도전은 종이 한 장 차이잖아요?"

상무님은 여러 나라에서 일하면서 온갖 멋진 차를 디자인 해왔다. 때문에 어떤 차가 가장 마음에 드느냐는 질문을 받곤 하는데 그럴 때마다 대답은 한결같다. "지금 디자인센터에서 작업하고 있는 차가 제일 좋아요! 과거의 차는 이미 과거일 뿐이죠."

앞으로 자동차 디자이너의 전망은 굉장히 밝다. 예전에는 차를 예쁘게 디자인하는 데 주력했다면 4차 산업혁명이 시작된 지금은 더 이상 예전의 디자인 철학만으로는 감당할 수 없을 것이라고 한다. 말에서 기차로 수송수단이 옮겨진 것처럼 지금은 자동차가 다음 스텝으로 움직이는 중간 시점이다. "자율주행자동차 시대가 오면 보다 많은 것들이 자동차 안으로 들어오겠죠. 모든 장치들을 장착하다 보면 보잉 747 조종석처럼 수많은 조작 버튼이 필요할 지도 모르지만, 저라면 현기증이 날 거예요. 모든 테크놀로지를 조화롭게 디자인하고 사람들이 편하게 쉴 수 있는 디자인을 고민하게 될 겁니다. 스마트폰처럼 사용하기 쉬우면서도 자동차의 공간이 삶의 공간으로 진화되는 시대에 살고 있기 때문에 디자이너의 철학도 바뀌어야 합니다.”

멘토를 찾고 그와 함께 도전하라

이상엽 상무님은 자동차 디자이너가 되고 싶은 후배들에게는 좋은 멘토의 중요성을 강조했다. 훌륭한 디자이너는 좋은 멘토를 통해 이루어지는데, 좋은 멘토를 만나려면 세계 여러 나라를 다녀봐야 한다. 이상엽 상무님도 멘토를 따라다니면서 여러 나라를 돌아다녔다. “어떤 상황에서도 멘토를 찾고 그와 함께 도전하는 재미에 푹 빠졌습니다. 모든 일을 바닥부터 배우듯 임하는 저를 좋게 봐주시던 게 생각납니다. 저는 다국적 멘토들의 악센트나 농담마저도 따라 하고 옷차림까지 흉내 내며 모든 걸 흡수했죠. 그러다 보니 제가 어느새 독특한 캐릭터가 돼 있더라고요.”

이상엽 상무님은 첫 멘토이자 닮고 싶었던 일본인 디자이너 겐 오쿠야마(Ken Okuyama)가 준 스케치를 소중히 간직하고 있다. 자타가 공인하는 미국 자동차 디자인의 살아 있는 영웅, 톰 피터스(Tom Peters)와는 11년간 같이 호흡하면서 자동차에 대한 열정과 사랑을 배웠다. 1990년대 독일 포르쉐 디자인 인테리어 디자인 수장, 스테판 스타크(Stefan Stark)의 디자인에서 지금까지도 항상 새로운 영감을 발견하곤 한다. 오직 한 명의 마에스트로를 꼽는다면 그에게 멘토가 되어주었던 월터 드 실바(Walter de Silva)라고 생각한다. 그리고 가장 존경하는 디자이너이자 리더이면서 보스, 동료 그리고 친구인 루크 동커볼케(Luc Donckerwolke)가 옆에 있기에 즐겁다고 한다.

"이렇게 거장 다섯 분을 멘토로 모시다 보니 저도 모르게 내공이 강해지는 것을 발견했어요. 이제는 제가 존경하는 선배 디자이너들에게는 없는 또 다른 역량을 지니게 된 것 같아요. 학과 공부도 중요하지만 여러분들도 자동차 업계의 수장들과 함께 일하고 싶다는 꿈을 갖고 키우길 바랍니다. 그러려면 보다 많은 곳을 다니고 자동차에 대한 공부도 열심히 해야겠죠?"

Interviewer 권혁준, 이채린

PROFILE

이 상 엽 홍익대학교에서 조소를 공부한 뒤 미국 캘리포니아주 아트센터 디자인 대학(Art Center College of Design) 자동차디자인학과를 수석으로 졸업했다. 피닌파리나와 포르쉐 디자인 센터를 거쳐 1999년 GM에 선임 디자이너로 입사해 쉐보레 카마로와 콜벳 스팅레이 등의 콘셉트카 디자인을 맡았다. 2010년 폭스바겐 미국 디자인 센터 수석 디자이너로 옮겨 그룹 내 아우디, 포르쉐, 람보르기니, 스코다 등 다양한 브랜드의 선행 디자인을 이끌었으며 2012년 말부터는 벤틀리에서 외장 및 선행 디자인 총괄을 맡아 벤틀리 플라잉스퍼, 컨티넨탈 GT 등의 디자인을 주도했다. 2016년 현대차 디자인센터 스타일링 담당 상무로 합류해 현대자동차와 제네시스 브랜드 전 차종의 디자인을 총괄하고 있다.

자동차 디자이너

Who

무슨 일을 할까 궁금해

자동차 디자이너는 기존 자동차의 외형과 내장을 새로 바꾸거나 새로운 차를 개발하기 위해 외형과 내장을 디자인하는 일을 해요. 소비자의 욕구나 경쟁 회사의 자동차 등 전반적인 시장 상황에 대해 조사하는 일부터 아이디어 스케치, 시연을 위한 모델 제작, 자동차의 내장과 외장에 쓰이는 자재들의 개발까지 모두 자동차 디자이너의 일입니다. 대량생산 이전의 단계에서 디자인이 완성된 차량의 각종 사양과 모양을 검토한 뒤, 신차나 개량된 차가 각종 법률 규정을 준수하였는지, 인체공학, 유체공학과 같은 각종 공학적 측면에서 적합한지도 검토해요. 대량생산 등의 상품화 이후에 발생할 수 있는 문제점에 대해서 미리 대비해야 하니까요.

자동차 디자이너의 절대 '매력'

몇 년 동안 공들여 개발한 디자인이 시장에서 성공했을 때 정말 행복해요. 또한 다양한 회사에서 경력이 쌓일수록 더욱 귀한 몸이 되죠. 아무나 따라할 수 없는 전문가가 되니까요.

쉬운 일은 없어! 알아둬야 할 자동차 디자이너의 세계

근무환경이나 보수가 좋은 일부 대기업 디자인실이나 부설 디자인연구소의 경우 해외에서 전문적인 지식을 쌓은 사람이 진출하는 등 고학력자의 진출이 이어지고 있기 때문에 취업경쟁이 매우 치열해요. 또한 자동차 디자이너의 경우 소비자 반응에 따라 그 능력이 즉각 검증되기 때문에 지속적인 자기개발을 통해 경쟁력을 갖추지 않으면 시장에서 도태될 수도 있어요.

★★★

How

**자동차 디자이너가
되려면?**

자동차 디자이너가 되는 길은 우선 국내 대학을 졸업하고 국내
자동차회사에 취직하는 경우가 있고 다음으로 국내 대학을
졸업하고 해외 유학을 다녀온 뒤 해외 자동차회사로 취직을 하는
경우가 있어요. 또는 해외 디자인 스쿨 졸업 후 현지에서 취직을
하기도 하죠. 자동차 디자이너는 사람을 싣고 달리는 자동차의
특성상 안정성과 편리성, 그리고 경제성 문제까지도 고려해야
하기 때문에 디자인 실력 외에도 안전이나 주행 등의 문제를 같이
고려할 수 있어야 해요. 또한 팀작업이 많으므로, 팀원으로서의
책임과 배려가 요구되고, 국내외의 다양한 브랜드의 경험이
필요하며 외국 디자이너와의 협업 기회가 많으므로 글로벌
마인드가 필요해요.

**관련
전공학과는?**

대학의 산업디자인학과에 진학해 공부하는 것이 좋아요.
학부에서 회화과나 조소과를 전공한 다음 대학원에서
산업디자인학과를 전공하거나 공과대학 기계공학 계열에
진학하여 디자인을 접목하는 방법도 있어요. 최근에는 해외
자동차 디자인 전문학교로 유학하는 사례도 많아요.

**미래 전망은
어떨까?**

요즘 자동차를 구입할 때 디자인을 가장 고려하는 추세에요.
성능과 품질은 이제 많이 상향 평준화 됐기 때문에 차이를 가르는
건 스타일 즉, 개성이죠. 과거엔 자동차의 설계를 먼저 한 후
외형을 입혔다면 요즘엔 디자인이 더 우선시 될 정도로 차량
디자인의 중요성이 높아졌어요. 자동차 회사에서 디자인 부서에
대한 투자도 늘어나고 있기 때문에 자동차 디자이너의 전망은
밝아요.

원대한 상상력으로 진정한 부가가치를 만든다

현실처럼 놀라운 가상현실의 세계

와우! 눈앞에 신세계가 펼쳐졌다! 마치 신나는 게임 화면 속으로 공간 이동을 한 느낌이었다. 고지대에 떠있는 고대의 성, 엄청나게 거대한 괴물들과 번쩍번쩍 빛나는 불꽃들... 코앞과 저 멀리 있는 적들을 마주하며 손에 땀을 쥐는 흥미진진함 속으로 순식간에 빠져들었다. "이번엔 전설의 고향 게임 한번 해볼까요?" 아! 갑자기 암흑의 숲속에 혼자 남겨졌다. 순간적으로 등장하는 귀신들을 맞이하며 너무 무서워 비명을 질렀지만 게임을 끝내기 위해서는 어쩔 수 없이 한발씩 앞으로 나아가야 했다. 그곳엔 수수께끼를 풀어야만 나갈 수 있는 마법 같은 퀴즈들이 기다리고 있었다.

VR(Virtual Reality, 가상현실) 게임 콘텐츠 제작 회사 '볼레 크리에이티브'에서 가상현실 기기를 체험해보니 정말 현실 같은 가상현실에 감탄할 수밖에 없었다. 이를테면 영화관의 드라마틱한 화면 속으로 직접 들어간 주인공이 된 기분이랄까! 그 환상적인 재미와 놀라운 몰입감은 그동안 평면적인 화면에서 보아왔던 것과는 차원이 달랐다.

"실제 몸은 사무실에 있는데, 기기를 쓰는 순간 게임 한가운데에 있는 것 같죠? 그것이 바로 가상현실이 제공하는 경험입니다. 현실의 몸은 우리가 존재하는 공간과 시간 속에 있지만 나의 뇌는 전혀 다른 공간과 시간 속에 있다고 인식하는 거죠. 가상현실은 바로 시공간을 인위적으로 제어하는 기술입니다. 이렇게 시공을 제어할 수 있게 되면 우리가 지금까지 시간과 공간을 제어할 수 없었기 때문에 지불해야 했던 막대한 기회비용을 줄이거나 없앨 수 있습니다."

볼레 크리에이티브에서 개발한 VR 게임 전설의 고향 목각귀.

영화 <킹스맨>의 VR을 이용한 회의 장면.

방금 전까지 손에 땀을 쥐던 우리들에게 가상현실을 설명하는 '볼레 크리에이티브'의 서동일 대표님은 가상현실이야말로 가까운 미래에 큰 부가가치를 일으킬 수 있는 혁신적인 기술이라고 힘주어 말한다. "4차 산업혁명 시대엔 모든 기기가 서로 상호 통신하면서 생산성을 높이고 비용을 절감할 수 있게 됩니다. 3D 프린팅 기술, 인공지능, 가상현실, 로봇 등이 다 연결되는 세상이 오는 것이죠. 특히 가상현실은 시간과 공간을 제어(인위적으로 조절)함으로써 생산성을 더욱 극대화하고 더 나은 비용절감을 가지고 올 것입니다."

게임을 좋아하던 어린 시절

4차 산업혁명의 선두주자로서 가상현실 분야를 이끌고 있는 대표님에게도 거창한 꿈을 꾸었던 어린 시절이 있었다. "조금 황당한 이야기일 수 있겠지만 슈퍼맨 같은 초능력자가 되어 세상의 악을 무찌르는 사람이 되고 싶었어요." 중학교 때 캐나다로 조기 유학을 떠난 뒤, 자신을 엄청난 초능력자로 변화시키려면 생물학 공부가 필요하다고 생각했다. 하지만 영어로 된 세포 이름을 외우는 것마저 벅차게 느껴졌다. 그리고 생물 시간에 진행했던 동물해부 연구는 비위가 약한 대표님에게는 무척이나 힘든 공부였다. 그러다 보니 자연스럽게 초능력자가 되는 꿈은 포기할 수밖에 없었다. 꿈을 잃은 뒤 무엇을 해야 할지 갈팡질팡하던 대표님은 '슈퍼 히어로가 될 수 없다면 게임 속에서라도 세계를 구하는 존재'가 되자고 마음을 먹었다. 이왕이면 그런 게임을 만드는 컴퓨터 프로그래머가 되고 싶었다. 그러기 위해서는 전산학과를 공부해야겠다고 생각했지만 전산학과를 전공하려고 들어간 대학에서 컴퓨터 언어인 코딩은 외계어처럼 어렵고 낯설었다. 결국 전산학과 대신 수학과 응용통계학으로 학위를 받았다. 졸업 후 무엇을 해야 할지 고민이 깊었던 대표님은 대학 졸업 후 진로에 대한 고민을 했던 시기를 이렇게 회고한다. "1990년 중반 당시, 요즘처럼 인터넷에서 필요한 정보를 빠르게 찾을 수도 없었고 제가 가지고 있던 인적 네트워크로는 앞으로 제 진로에 대하여 의논하고 이끌어줄 사람도 없었어요. 그래서 학교 졸업장은 받았으나 앞으로 무엇을 하며 살아야 할지 막막했죠. 그러다 우연찮게 한국에서 개발한 온라인 게임에 빠지게 되었어요. 그런데 그 온라인 게임을 개발한 회사로부터 게임 운영자를 해보라는 제안이 들어왔기에 저는 주저할 것 없이 한국으로 돌아와 그 회사에 입사를 했습니다. 그것이 게임 시장에 발을 들여놓은 첫 계기가 되었죠."

안정성보다는 도전과 변화에 주목

캐나다에서 대학을 졸업한 후 친구들처럼 대기업에 들어가 안정된 생활을 하겠다는 마음을 포기하고 중소기업에 입사했다. "근대 산업혁명을 쭉 보면 산업혁명이 인간의 삶의 질을 높이기도 했지만 그로 인해 여러 가지 직업들이 사라지기도 했어요. 직업이란 결국 트렌드에 따라 새로 생겨나기도 하고 없어지기도 하는 것이죠. 그러니 언제 바뀔지 모를 안정성에 제 미래를 걸고 싶진 않았어요. 게다가 누구나 선망하는 대기업과 외국계 기업에서 근무하는 선배들을 봐도 그 생활이 전혀 행복해 보이지 않았어요. 그들의 미래가 내 미래가 된다고 생각하니 정말 답답하더군요. 그렇다면 차라리 나의 능력을 더 많이 쓸 수 있고 새로운 일에 도전할 수 있는 직업 그리고 변화를 빠르게 느낄 수 있는 회사가 좋겠다고 생각했어요. 그랬더니 자연스럽게 중소기업이

좋겠더라고요."

어렸을 적부터 게임에 관심이 많았기에 중소 게임회사에 입사했는데, 그곳에서 빠르게 업무 역할을 바꾸며 게임의 운영과 수출 업무를 배울 수 있었다. 이후 한국게임산업진흥원으로 자리를 옮겨 한국 게임 시장의 거시적인 흐름과 미시적인 생태계에 대한 지식들을 차곡차곡 쌓았고 그것들을 기반으로 스타트업 기업인 '스케일폼'이라는 미국 소재 회사의 한국지사장을 맡게 되었다. 스케일폼에서는 기존 국내 기업에서 제공하던 연봉의 4배 이상을 받기 시작했고 업무의 성취도도 높았다. 한국은 전 세계 스케일폼 매출의 2위를 달성하는 등 대표님의 행보는 거침이 없었다. 이 회사에 입사한지 2년 반 후 이 회사는 미국의 유명 IT 기업인 '오토데스크'에 합병되었다. "그곳에서 최연소 사업 총괄 부장이 되었고 연봉도 엄청나게 올랐어요. 그때야 제가 중소기업을 선택했을 때 걱정하던 친구들이 저를 부러워하기 시작했어요."

그러던 중 또 다른 제안을 받았다. 처음 '스케일폼'으로의 입사 제안을 했던 전 스케일폼 대표이사가 VR 기기를 개발하는 사업을 준비한다고 같이 하자는 내용이었다. 이 제안을 받았을 때 잠시 머뭇거렸다고 한다. "지금의 자리에서 제공하는 높은 연봉과 외국계 대형 IT 기업에서 근무한다는 사회적 지위를 포기하고 VR기기의 가능성을 보고 '오토데스크'를 떠나 '오큘러스'라는 회사로 이직한다는 것은 솔직히 너무 위험이 컸다고 생각했어요. 이미 결혼한 상태이고 아이도 하나 있었던 상태라 안정적인 회사에 다니고 싶다는 생각을 안 했던 것은 아니었거든요. 하지만, 다시 생각해보았어요. 어차피 안정된 직장은 없다는 사실에 대기업이 아닌 중소기업을 택했던 초심을 다시 한 번 생각하며 성장할 가능성을 보았다면 다시 도전을 하는 것이 맞다고 판단했죠."

'오큘러스'는 결국 1년 6개월 만에 페이스북에 매각되었다. 우리 돈으로 2조 3천억 원, 대표님은 설립 당시 발행된 주식의 1% 정도의 지분을 소유하고 있었는데 이 지분의 금액은 150억 원이라는 돈으로 돌아왔다. 80억 원 일시불에 70억 원은 5년을 일하면서 받게 된다는 놀라운 조건이었다. 하지만 도전은 여기에서 끝난 것이 아니었다. 그렇게 입사한 페이스북까지 그만두고 새로운 창업을 하였다. "오토데스크와

페이스북은 많은 사람들이 선망하는 꿈의 직장이지만 제가 진짜 하고
싶은 일은 아니라고 판단했어요. 개인적으로 새로운 도전이 해보고 싶
어 스타트업 기업을 창업했죠."

볼레 크리에이티브에서 개발한 VR게임 'Battle Summoners VR'. 2명의 사용자가 서로 실력을 겨루며 성장하는
카드 배틀 게임으로, 기존 카드 배틀 게임보다 현장감과 몰입감이 뛰어나다.

VR 게임 콘텐츠 개발에 앞장서다

가상현실 기기를 만드는 회사에서 근무하다 보니 가상현실 기기를 활용한 콘텐츠의 중요성에 주목하게 되었다. 소비자가 다소 불편한 가상현실 기기를 기꺼이 쓰게 하려면 가상현실 콘텐츠가 더욱 매력적일 필요가 있었다. 콘텐츠 중에서도 특별히 게임 콘텐츠 제작에 집중하고 있다. "가상현실 콘텐츠 중에서 가장 먼저 보편화될 수 있고 소비자가 쉽게 활용할 수 있는 콘텐츠가 게임이기 때문에 시장 개척에 적합하다고 생각해요. 특히 상호 작용하는 게임이야말로 가상현실을 구현하는 핵심 기술이죠. 게임 기술이 충분히 발달하면 가상으로 수술을 하거나 여행하거나 훈련을 받는 기술로도 업무를 확장시킬 예정입니다."

기존의 컴퓨터 게임과 가상현실 게임은 작동법이나 사용자 경험 문법이 다르기 때문에 콘텐츠 개발에 시행착오가 많지만 시간이 쌓여가면서 극복할 수 있을 것으로 내다보고 시장 개척에 앞장서고 있다.

작년 5월에는 'Battle Summoners VR'이라는 VR 게임을 출시했다. 게임 유통 플랫폼 Steam에서 찾을 수 있는 이 게임은 2명의 사용자가 서로 실력을 겨루며 성장하는 카드 배틀 게임이다. 가상현실 게임이기에 기존 카드 배틀 게임보다 현장감과 몰입감이 뛰어나다며 이 장르에 새로운 지표가 되고 있다는 사용자 평을 받고 있다.

VR 게임 콘텐츠는 종합예술

게임 콘텐츠는 종합예술이다. 한 편의 VR 게임 콘텐츠를 만들기 위해서는 많은 사람들이 필요하다. 먼저 게임그래픽을 구동하기 위한 콘셉트 원화를 그리는 사람이 있어야 한다. 원화가 완성되면 이것을 보고 모델화 시켜주는 모델러가 필요하고 그다음 인물과 인물 주변을 움직이게 해주는 애니메이터가 작업을 이어받는다. 그리고 컴퓨터 프로그래머가 이들을 게임 속에서 잘 돌아가게 통합해주는 역할을 한다. 이 외에도 게임의 스토리를 짜고 소비자에게 재미를 주는 기획자, 스페셜 이펙트를 맡는 이펙터, 음악을 넣어주는 작곡가까지 필요하다. 이처럼 게임 콘텐츠는 아티스트와 기술자를 동시에 필요로 하며 각 영역들이 서로 조화를 잘 이룰 때 최고의 게임 콘텐츠가 탄생한다. 언뜻 생각하기에 기존의 컴퓨터 게임 콘텐츠와 제작 공정이 비슷해 보인다. 하지만 가상현실 게임에서는 사용자의 시선을 강제하지 않는다. 즉 카메라의 소유권이 소비자, 관람자에게 있기 때문에 개발자가 원하는 방향으로 콘텐츠 소비를 진행하기 위해서는 여러 가지 사용자 경험 유도 장치들을 연구해야 한다.

"가상현실은 어안렌즈를 통해서 좁은 시야를 넓혀주어 작은 화면에서도 마치 내가 그 세상에 있다는 느낌을 선사해줍니다. 여기에 자유로운 머리의 움직임까지 더해져 마치 가상현실 세상을 내 눈으로 직접 보고 있다는 느낌을 주죠. 그렇기 때문에 몰입감을 방해하는 사용자

인터페이스를 최소화하고 직관적인 움직임과 게임 컨트롤이 필요합니다. 여기에 스토리 기획자가 의도한 데로 사용자가 행동하게 만들기 위해서 다양한 사용자 경험 유도 장치가 필요하죠. 그러니까 일반 컴퓨터 게임 콘텐츠와 비교하여 제작 공정에서 큰 차이는 없을지 모르지만 게임 디자인적인 요소에서는 차이가 꽤 커요."

준비하는 자가 성공한다

현재 가상현실이 갖고 있는 기술적 한계는 많다. 현실을 인지하려면 오감이 필요한데 아직은 시각적, 청각적 부분만 어느 정도 구현한 상태. 냄새, 촉감, 미각은 아직 연구 단계이다. 그리고 여전히 가격도 비싸다. 이런 이유로 대표님은 가상현실이 대중화되는 데 시간이 좀 더 필요하다고 내다본다. 그럼에도 가상현실에 관심이 집중되는 것은 이 기술이 융·복합 산업이기 때문이다. 가상현실의 하드웨어는 스마트폰이나 TV 디스플레이와 달리 아직 기기에서 제공하는 화질이 다소 부족한 상태이다. 그렇기 때문에 디스플레이 산업에서는 가상현실이 차세대 디스플레이의 새로운 시장으로 보고 있다. 가상현실 콘텐츠를 구현할 때도 기존의 게임보다 훨씬 더 높은 하드웨어 사양을 요구하기 때문에 그래픽 카드와 마이크로칩을 만드는 회사들도 가상현실 시장을 차세대 먹거리로 보고 있다. 결국, 더 발달될 여지가 있다는 것은 그만큼 성장성이 있다는 이야기이기도 한다.

기술이 진보하면 현재 가상현실에서 느끼는 미비한 점을 빨리 잡아낼 수 있을 것이다. 그래서 아직까지 가상현실 기기를 쓰면 무겁고 불편하지만, 앞으로는 훨씬 더 나아질 것으로 예상한다. 예를 들어 1990년대 나온 핸드폰은 무겁고 크고 비싸고 배터리도 약했다. 그걸 보면서 핸드폰 시장을 의심하는 사람도 많았지만 지금은 핸드폰 세상이 되었다. 가상현실도 마찬가지이다. 대표님은 지금 당장 다소 불편하고 무거운 기기만 보고 이것이 대중화가 될 것인지 의심하는 것은 굉장히 근시안적이라고 말한다. "지금은 우리가 시간과 공간을 제어할 수 없어 막대한 비용을 들였던 산업을 어떻게 바꾸어갈 것인지 고민하고 거기에 맞게 우리가 준비할 것이 무엇인지 연구해야 할 시점입니다. 한국이 4차 산업혁명을 선도할 수 있느냐 하는 것은 지금의 준비에 달렸다고 봅니다."

업무의 효율성과 비용절감에 효과적인 VR

가상현실의 미래는 밝다. 시공을 제어함으로써 우리가 지금까지 개선할 수 없었던 업무의 효율성, 비용의 절감을 가져올 수 있기 때문이다. 현재 가상현실로 막대한 비용을 절감하고 있는 미국의 회사가 있다. 미국 전역에 10만 대의 차량을 매일 운행시키는 화물 운송 기업

'UPS(United Parcel Service)'는 새로운 운전사를 뽑을 때 가상현실을 이용한다. 기존에 운전사를 채용할 때는 정확하게 교통법칙을 준수하면서 운전을 잘 하는지 감독관을 일일이 태우고 옆에서 관찰했다. 그래도 비나 눈, 안개 등 다양한 날씨에 운전사가 적합하게 대응하는 것까지는 알 수 없었다. 게다가 감독관이 다치는 상황이 벌어지기도 했다. 이 모든 것을 해결하기 위해 'UPS'는 가상현실을 도입했다. 운전사가 가상현실 기기를 쓰고 가상으로 만든 트랙을 다양한 상황에서 운전하게 함으로써 운전자의 행동을 관찰하는 것이다. 가상현실을 활용하면 운전사가 로드 사인을 정확히 봤는지까지 섬세하게 체크가 되고 잘못해서 사고가 나도 아무도 다치지 않는 장점도 있다. 이로써 'UPS'는 운전사를 채용할 때 들었던 막대한 비용을 절감하고 보다 더 실력 있는 운전사를 뽑을 수 있는 업무의 효율성까지 높였다.

가상현실은 먼 외국에서의 A/S까지 대체할 수 있다. 우리나라에서 만든 기업용 기계가 미국으로 수출되었는데 기계가 고장 났고 현지에는 수리할 만한 엔지니어가 없다고 가정하자. 출장수리를 위해 한국에서 미국으로 엔지니어가 직접 간다면 고비용이 들 것이다. 그런데 한국과 미국에서 동시에 가상현실 기기를 쓰고 서로 보이는 장면을 전송하면서 문제를 파악해보면 원격으로 기계를 고칠 수도 있다. 기술자가 정말 가야 하는 심각한 상황이 생길 수도 있지만 그 상황을 파악하기까지 많은 비용과 시간을 절약할 수 있을 것이다.

아파트 분양 시 모델하우스는 비용이 많이 들기 때문에 잘 나가는 모델 몇 가지만 짓는 경우가 많다. 그런데 모델하우스를 실제 시공하지 않아도 가상현실로 얼마든지 대체할 수 있다. 만약 집에 가상현실 기기가 있다면 굳이 모델하우스까지 가지 않아도 새벽에 잠이 안 올 때 기기를 쓰고 아파트 내부를 둘러볼 수도 있다. 이 역시 시공간을 제어할 수 있기에 가능한 일이다.

"여행 산업도 가상현실에 대한 연구가 진행되고 있습니다. 가상현실 기기를 쓰고 현장 체험을 하는 거죠. 예를 들어 90세 할머니가 있습니다. 여행을 하려면 돈, 시간, 건강이 있어야 하잖아요. 하지만 90세 할머니는 그런 조건을 충족시키기 어렵습니다. 그렇다고 여행을 포기해야 할까요? 가상현실은 그런 사람들에게 새로운 경험을 제공할 수 있습니다. 기기를 쓰는 순간 다른 시간대와 공간대에 존재할 수 있으니까요. 친구나 자식이 해외 유학 혹은 파견을 나갔을 때 가상현실 기기를 통해 따뜻하게 접촉할 수 있습니다. 저비용으로 할 수 있는데다 생산성을 극대화 할 수 있는 거죠."

도전 정신과 패기를 가져라

대표님은 비록 조그만 사업을 하고 있지만 할 수 있는 것을 계속하고 꾸준히 도전하다 보면 거기에 동참하는 후배가 생길 수도 있고 그런 사람들이 모이면 한국도 좀 더 좋은 세상이 될 수 있지 않겠느냐고 묻는다. "제 현재의 꿈은 대한민국에서 가상현실 콘텐츠를 가장 잘 만드는 회사로 남아서 제 후배들이 앞으로 여러 가지 가능성을 두고 꿈을 키울 수 있는 나라로 만드는 것입니다."

젊은이들이 '헬조선'이라는 말을 할 때마다 안타깝다. 한편으론 기성 세대로서 젊은 세대에게 물려줄 게 없어서 미안하기도 하다. 한국은 그동안 누군가 만든 것을 빠르게 만들어서 저렴하게 판매하는 전략을 가져왔다. 즉, 가격대 성능비가 우수한 제품들을 제조하여 판매해왔다는 이야기다. 누군가 앞서 걸어간 것을 따라서 빠르고 실수 없이 더 저렴하고 좋게 만드는 것에 치중해왔기 때문에 너무 경쟁력만 따지고 일을 하다 보니 실패에 관대하지 않는 문화가 형성되고 새로운 도전을 잘 하지 않는 모습이 고착화되었다. 그러면서 젊은이들이 새롭게 도전할 만한 것들이 많음에도 그 도전 정신은 점점 줄어들고 있다. "젊은이들에게 도전 정신을 느끼게 해줄 롤모델이 필요한데 우리나라에 그런 분이 많음에도 선봉에 나서주지 않는다는 것이 안타까워요. 그러다 보니 부족하지만 저라도 한 번 노력해서 보여주자 하는 마음으로 정답이 없는 길을 개척하고 있는 겁니다. 현실이 고달플 때면 페이스북에서 나오면서 거절했던 큰돈이 아쉬울 때도 있어요. 하지만 과거를 후회하기 보다는 지금 할 수 있는 일을 더 열심히 해보자고 마음을 다잡아봅니다. 오늘 이러한 제 행동들이 미래의 괜찮은 나를 만들 거라고 생각해요."

새롭게 스타트업 기업을 창업함으로써 다시 도전 중인 서동일 대표님! 지금은 가상현실이 공상 과학 같은 내용처럼 보일 수도 있지만, 여러 가지 융·복합 기술을 사용하면 우리가 상상도 못하는 새로운 세상이 열리게 될 것이라고 강조한다. "그 시장을 누가 선점하고 앞서가느냐가 미래 산업의 패권을 가져가는 것이죠."

가상현실 분야로 진출하고 싶은 후배들에게는 먼저 상상력을 키우라고 조언한다. 왜냐하면 가상현실이란 지금 존재하지 않는 현실을 이야기하는 것이기에 사람들에게 어떻게 하면 더 즐거움을 주고 더 새로운 경험을 선사하느냐는 개인의 독보적인 상상력에 달려 있기 때문이다. "해리포터를 쓴 작가가 만들어낸 경제적 가치는 잘나가는 반도체 회사의 경제적 가치와 맞먹는다는 글을 신문에서 읽었어요. 그것을 쓴 작가는 자기의 상상력을 펜으로 표현한 거죠. 책이라는 매개체를 통해 어마어마한 명성과 부를 쌓을 수 있었던 것은 그 사람의 상상력이 좋았기 때문입니다."

기계공학, 컴퓨터공학 등을 통한 가상현실의 핵심 원천기술 공부도 의미가 있지만 진정한 부가가치는 팀을 만들어서 원대한 상상력을 발휘해야 얻을 수 있다. 그래야 보다 더 다양한 VR 제품과 서비스가 가능해질 것이다. 그런 측면에서 이공계 출신들뿐 아니라 많은 인문학 전공자들이 꼭 필요하다고 한다. "이 일은 누구에게나 열려있어요. 전공에 상관없이 자신이 가진 관심과 흥미가 가상현실에 어떻게 접목될 수 있을지 생각해 보면 길이 열릴 겁니다. 남들이 다 가는 뻔한 길보다는 도전 정신과 패기를 가지고 자신만의 꿈을 꼭 이루길 바랍니다!"

Interviewer 권혁준

PROFILE

서 동 일 캐나다 앨버타주립대학교를 졸업하고 중소 게임업체와 게임산업진흥원을 통해 게임산업의 흐름을 익혔다. 스케일폼 한국지사장, 오토데스크 사업총괄부장을 거친 그는 2014년 페이스북에 의해 20억 달러에 인수된 VR 회사 '오큘러스'의 공동창업자 8명 중 한 명이다. 이후 페이스북 직원이 된 지 9개월 만에 그 좋다는 자리를 그만두었다. 직원, 사무실, 한국 지사장, 1억 8천만 원의 연봉, 5년 근무 옵션 70억 원을 모두 거절한 것이다. 70억 원보다, 1억 8천만 원의 연봉보다 인생 4년이 훨씬 더 소중했기 때문이다. 그 후 자신의 꿈을 이룰 방법으로 2015년 볼레 크리에이티브를 창업하고 가상현실 콘텐츠 개발에 앞장서고 있다.

가상현실전문가

Who

무슨 일을 할까 궁금해

온라인 가상현실 서비스 내에 우리가 실제로 체험하는 것과 같은 가상의 콘텐츠들을 기획하고 설계하는 일을 해요. 가상현실 콘텐츠를 개발해 사용자들에게 서비스하는 프로젝트에 대해서 전체적으로 기획하고 관리하는 역할도 하죠. 가상현실전문가의 주요 업무는 신제품에 대한 기획안을 만들어 설계를 하고, 사용자가 상상하는 가상세계와 유사한 느낌이 들도록 가상현실 시스템을 디자인하는 것입니다. 이렇게 제작된 3차원 가상현실 소프트웨어에 오류는 없는지 테스트하고 수정 작업을 거쳐 제품을 완성하죠. 개발이 끝난 후, 사용자 체험 테스트를 통해 오류나 문제점을 발견하고 개선하는 것도 가상현실전문가의 일이에요.

가상현실전문가의 절대 '매력'

가상현실을 이용하면 여가시간을 더욱 즐겁게 만들 수 있고 학습효과를 높일 수도 있어요. 실제 가보지 않아도 매장을 둘러보고 실감 나게 탐색할 수도 있죠. 이렇게 우리의 생활을 윤택하고 더 편리하게 만들어줄 수 있는 다양한 아이디어를 가상현실 세계에서 빠르게 구현하고 실행하며 그것에 대한 결과를 볼 수 있기 때문에 하루하루 마치 컴퓨터 게임을 하듯 재미있게 일할 수 있어요. 그 점이 가장 큰 매력이죠!

쉬운 일은 없어! 알아둬야 할 가상현실전문가의 세계

미래에는 가상현실 시장이 확대될 전망이지만 아직은 시장규모가 작아요. 또한 상용화가 되지 않은 상태이기 때문에 투자 받기가 힘들어 기술개발에 어려움을 겪는 업체도 많아요.

★★★

How

가상현실전문가가 되려면?

가상현실전문가가 되기 위해서는 컴퓨터와 소프트웨어에 대한 전문지식이 있어야 해요. 업체에서 가상현실전문가를 채용할 때 컴퓨터나 소프트웨어 전공의 대학 학위, 가상현실 개발 관련 실무경험, 호기심과 의사소통 및 협업 능력을 요구하고 있어요. 가상현실전문가는 종합적인 분석을 통해 이루어지므로 거시적인 안목과 분석력, 창의력, 공간 지각력이 요구되며 가상의 시공간에 대한 폭넓은 응용력이 필요해요.

관련 전공학과는?

응용소프트웨어공학과나 정보통신공학과에서 컴퓨터 소프트웨어 및 전산, 정보처리 등을 공부한 후에 관련 업체에 취업하는 것이 일반적이에요. 하지만 비전공자의 경우에도 실무능력에 따라 취업에 성공하기도 하죠. 학력이나 전공에 상관없이 소프트웨어 개발에 흥미를 갖고 독학으로 성공한 사람들도 많아요.

미래 전망은 어떨까?

21세기 핵심 기술이 될 가상현실 기술은 그 발전 속도와 문화적 확산 및 경제적 파급효과가 굉장히 클 것으로 예상되고 있어요. 가상현실기술은 군사분야, 교육분야, 로봇장치를 이용한 원격수술, 진단, 심리치료 등 폭넓은 분야에서 사용될 수 있을 것으로 기대를 모으고 있죠. 특히 고속 데이터 처리, 카메라, GPS, 5G(5세대 이동통신) 등의 기능을 갖춘 스마트폰이 등장하면서 VR 시장이 폭발적으로 성장하고 있어요. ICT기업, 게임회사, 엔터테인먼트 기업, 방송 및 영상 제작 업체, 교육콘텐츠 제공 업체, 운송회사, 온라인 쇼핑업체, 마케팅 기업 등 서비스산업 전반에서 가상현실전문가를 필요로 하기 때문에 가상현실전문가의 전망은 좋을 것으로 보여요.

슈즈 디자이너 김효진

자기가 사랑하는 일에
맘껏 뛰어들어라

최정상 스타들을 사로잡은 슈즈 디자이너

"패리스 힐튼, 린제이 로한, 타이라 뱅크스 등 할리우드 유명스타들이 제 구두를 즐겨 신었어요. 특별한 순간에 어울리는 독특한 디자인, 그 자체로 빛이 나는 근사한 디자인이라는 평을 받았습니다. 김태희, 신민아, 김연아 등 국내 스타들의 사랑도 많이 받았죠."
최정상 스타들이 선택한 구두 '지니킴슈즈'를 창업한 김효진 선생님! 2006년, 스물여덟 나이에 부모님께 빌린 400만 원으로 사업을 시작해 첫 달 매출 5000만 원이라는 놀라운 성과를 거두고, 연 매출 150억 원 이상을 기록하는 브랜드로 성장시킨 화제의 주인공이다. 하지만 온라인 쇼핑몰과 합병을 거치며 2015년 9월 '지니킴슈즈'의 경영권을 잃고 대표직을 내려놓고 말았다. 이후 미국으로 떠났던 선생님은 2018년 봄 자신만의 밝고 화사한 빛깔을 담은 새 브랜드 '소피아 그레이스'로 당당하게 돌아왔다.

"제 영어 이름을 내걸고 어렵게 만든 구두 회사를 그만두었을 때 상실감이 굉장히 컸어요. 내 아이를 키우는 심정으로 지니킴을 키웠거든요. 하루 종일 구두 생각만 하면서요. 그런 회사를 떠나니 모든 걸 잃은 것만 같았죠. 요리, 그림, 인테리어 등 제가 좋아하는 다른 일을 해볼까 고민도 했었지만 저는 아무래도 구두를 가장 좋아하나 봐요."

무슨 일이든 3년을 배우고 투자하면 2등까지는 할 수 있고, 10년을 열심히 하면 1등도 할 수 있다는 말이 있다. 김효진 선생님은 10년 동안 오로지 구두를 만들어왔으니 다시 1등의 자리에 설 수 있지 않을까! 우리들은 그런 기대를 안고 '소피아 그레이스'의 첫 매장이 있는 압구정동 갤러리아 백화점을 찾았다. 그곳에서 만난 선생님의 구두는 레몬, 민트, 핑크, 바이올렛, 오렌지 등 밝은 파스텔 톤으로 화사한 느낌이 가득했다. 뾰족한 하이힐부터 편안하고 납작한 구두, 엄마 구두와 세트로 디자인된 아이들의 앙증맞은 구두들까지 다양한 디자인도 우리들의 시선을 끌었다.

가장 힘든 시기에 운명처럼 만난 구두 디자인

"이 구두를 신고 어디에 가실까, 어떤 기분을 느끼실까 이런 생각을 해봅니다. 제가 만든 구두를 신고 고객의 기분이 좋아지길 바라는 마음으로 밝고 환한 컬러를 많이 사용했어요."

구두를 신는 사람의 기분까지 생각한다는 말이 우리들에게 커다란 감동으로 다가왔다. 아직은 운동화에 머물러 있는 학생이지만 이다음 어른이 되면 이런 마음으로 정성들여 만든 구두를 꼭 신고 싶어진다.

김효진 선생님은 원래 구두가 아닌 의상을 전공했다. "서울외국어고등학교 일본어과를 다니면서 일본 패션 잡지들을 많이 봤어요. 자연히 패션에 관심이 커졌습니다. 그러던 어느 날 케이블 TV에서 '존 갈리아노'의 패션쇼를 본 순간 제 가슴이 쿵쾅거렸어요. 패션 디자이너가 되고 싶다는 열망에 빠졌죠." 당시 문과였던 선생님은 문과 출신으로 지원할 수 있는 성균관대학교 생활과학대학에 진학했다. 패션 디자이너를 꿈꾸며 의상디자인을 전공했지만 재능 많은 친구들 틈에서 스스로를 비교하면서 의상디자인에 대한 흥미를 점점 잃어갔다. 졸업 후에는 패션잡지에서 일하고 싶어 어시스턴트로 들어갔다. 하지만 마감에 쫓기는 에디터라는 직업이 맞지 않다는 것을 느끼고 홍보 대행사로 이직했다. 그런데 패션 브랜드 론칭 파티 때 본 화려한 모습이 다가 아니었다. 매달 어딘가에 홍보 기사를 작성해 실리도록 하는 일이 너무 힘들었다. 그즈음 백화점의 엠디가 멋지다는 생각이 들었다. 솔직히 무슨 일을 하는지도 잘 모르면서 곁에서 보고 끌리는 대로 직업을 옮겨 다녔다고 한다.

여러 직장을 전전한 선생님은 큰 세상에서 공부를 해보자는 생각에 뉴욕주립대 FIT(Fashion Institute of Technology)로 진학했다. 그곳에서 머천다이징 매니지먼트 1년 과정을 마치고 뉴욕 패션 업체의 문을 두드렸지만 취업이 쉽지 않았다. 영어가 능숙하지 못해 자신의 실력을 제대로 어필하지 못했던 것이다. "무려 100여 곳에 이력서를 냈지만 한 곳에서도 저를 받아주지 않았어요. 잘 다니던 직장을 그만두고 유학까지 갔는데 백수가 된 거죠. 일을 경험하며 배울 기회가 오지 않으니, 미래에 대한 불안감과 열등감이 들었어요."

가고 싶었던 회사에서 모두 떨어지고 겨우 어느 회사에서 들어갔지만 역시 재미가 없었다. 그렇게 가장 힘든 시기에 운명처럼 구두를 만났다. 한국에서 같이 유학 간 친구가 구두를 만들어서 가져왔는데 굉장히 멋지다는 생각이 들었다. 그길로 뉴욕 FIT 구두 디자인 과정을 수강해 구두 디자인의 기본을 배웠다.

"얼마나 재미있었는지 몰라요. 매일 그 수업에 가고 싶고 밤마다 구두 생각만 났죠. 누군가를 사랑할 때처럼 구두 디자인에 빠져든 거예요. 나중에 구두 제작과정을 배우기 위해 들어간 성수동 구두공장에서 청소하고 커피 심부름을 할 때도 구두와 관련된 일을 한다는 즐거움에 힘든 줄도 몰랐죠. 지금도 제가 디자인한 구두를 신고 다니는 고객들을 길거리에서 만날 때면 여전히 보람을 느끼고 가슴이 벅차오르곤

슈즈 디자이너 김효진 선생님의 드로잉.

합니다.”

이쯤이면 김효진 선생님이 슈즈 디자이너가 된 것은 필연이라는 생각
이 들었다. 선생님도 비록 하나의 길이 아니라 여러 갈래에서 방황하
면서 회의도 많이 느꼈지만 그 모든 일들이 정말 사랑할 수 있는 직업
을 찾기 위해 꼭 필요한 여정 아니었을까 생각한다. 또한 젊은 날 힘든
방황의 시기가 있었기에 지금의 일이 더 소중하고 감사하게 느껴진다
고 회고한다.

로맨틱 할리우드 스타일의 '지니킴' 창업

성수동 구두공장에 막내 디자이너로 들어간 선생님은 온갖 허드렛 일을 도맡아 하며 구두 만드는 실무를 익혔다. 하지만 동료의 구두가 100족 이상 팔릴 때 자신의 신발은 겨우 5족 정도나 팔릴까? 좋은 반응을 얻지 못해 스스로 재능을 의심했다.

"그곳에서 주로 동대문에 나가는 상품을 만들었는데, 제 구두는 얼마 안 팔렸어요. 제 눈에 촌스러운 건 대박이 나면서 말이죠. 역시 재능이 없는 건가 좌절감이 밀려왔어요. 그런데 압구정동 옷가게들을 둘러보니 제 신발이 많이 진열돼있더라고요. 그때서야 제 취향이 대중적이지는 않지만 트렌드 리더들이 좋아한다는 것을 깨달았죠. 그때부터 자신감을 갖고 저만의 디자인을 하게 됐어요. 모든 사람을 만족시킬 수는 없지만 제 디자인을 좋아하는 분들이 있으니 그분들을 위한 구두를 만들면 된다고 생각했죠."

12년 전, 선생님은 부모님께 400만 원을 빌려 자신이 직접 디자인한 구두샘플을 만들어 온라인으로 판매를 시작했다. 브랜드 콘셉트는 1930~1950년대 할리우드 여배우 스타일을 담아낸 '로맨틱 할리우드 스타일'이었다. 시대마다 유행이 다르지만 김효진 선생님은 마릴린먼로, 오드리햅번, 그레이스캘리 등이 주연했던 시대에 주목했다. "그때의 패션은 지금보다 굉장히 여성스러웠어요. 롱스커트에 모자를 쓰고 구두도 디테일이 예뻤죠." 1930~1950년대 할리우드 올드 무비는 물론

보그(Vogue), 바자(Bazzar) 등 패션 잡지, 빈티지 슈즈들 그리고 마네, 르누와르, 로스코 등 화가의 그림에서 영감을 얻기도 했다.

국내뿐만 아니라 세계적으로 모든 여자들에게 사랑받는 구두를 만들고 싶다고 포부를 크게 가진 선생님은 자신의 구두를 만들어줄 공장을 찾기 위해 발품을 많이 팔았다.

"이탈리아 구두공방들도 찾아봤지만, 서울 성수동 구두공장의 장인들이 이에 못지않겠다는 생각이 들었어요. 가죽은 이탈리아에서 수입하지만, 우리나라 장인들의 솜씨를 믿기에 메이드 인 코리아를 고집했죠. 수십 년 된 장인들은 연세가 꽤 많으신데, 이분들의 뒤를 이을 사람이 있을까가 고민이긴 해요."

브랜드 론칭을 한 후 디자인에서 제작, 홍보까지 도맡다 보니 새벽 1시나 되어야 퇴근할 수 있었다. 온라인 판매의 결과는 놀라웠다. 첫 달 매출이 자그만치 5,000만 원! 하지만 제시간 안에 대량의 구두를 만들어줄 공장이 없어 발을 동동 굴러야 했다.

"어리고 자금력도 없던 제가 좋은 상품을 만들어줄 파트너를 만나는 게 쉽지 않았어요. 생존해야 한다는 절박한 마음으로 모든 것을 하나하나 부딪혀가면서 배웠죠."

신선한 디자인으로 할리우드 여배우들을 사로잡아

브랜드에 할리우드라는 이름을 넣었으니 할리우드 배우들에게도 구두를 신겨보고 싶은 욕심이 생겼다. 선생님은 여배우들이 좋아할 만한 구두 25켤레를 제작해 무작정 LA로 날아갔다.

"할리우드 스타들이 많이 가는 단골 숍을 찾아갔습니다. 그리고 다짜고짜 '난 한국의 구두 디자이너인데, 여기서 내 구두를 팔고 싶다'고 했죠."

운 좋게도 숍 대표가 단번에 OK사인을 보냈다. 그러나 모든 일이 일사천리로 이루어진 것은 아니었다.

패리스힐튼, 탕웨이, 미란다커, 타이라뱅크스 등 해외 셀럽들이 지니킴의 슈즈를 즐겨신었다.

"제 제품을 꼭 진열하고 싶었던 LA의 유명 편집숍 '디아볼리나 (DIAVOLINA)'는 슈즈 사진을 보내고 1년을 기다려야 했어요. '안 되는가 보다'라고 실망하고 있을 때 담당자로부터 연락을 받았어요. '그곳에 입점하려면 4년은 기다려야 한다'는 말이 있을 만큼 세계의 디자이너들이 탐을 내는 곳이라 가슴이 벅찼죠."

여배우들이 원하는 스타일에 대해서 깊이 고민하고 디자인해서 내놓았던 구두들은 자연스럽게 할리우드 스타들에게 팔렸고, 파파라치 컷에 등장하게 되었다. 선생님은 헐리우드 스타들이 지니킴 구두를 선택한 이유에 대해 "바이어의 말을 인용하자면, 단지 트렌드를 따라가는 미국 브랜드보다 디자인이 신선하고 독특해서라고 해요. 너무 특이해서 그동안 잘 팔리지 않았던 제 구두가 바로 그 점 때문에 국내외 스타들에게 사랑받게 된 거죠."라고 말한다.

물론 운이 좋았던 측면도 있었다. 미국은 창조적인 디자이너를 발굴하고 지원을 아끼지 않는 나라다. <뉴욕타임스>에서 미국 패션시장을 이끌어가는 사람 TOP 10을 뽑았는데 그중 5명이 아시아계였다고 한다. 뉴욕에서는 미국 패션을 아시아가 이끈다는 말도 있을 만큼 다른 나라 사람들에게도 많은 기회가 제공된다.

그에 비해 우리나라는 초기 투자비용이 많이 드는 편으로 디자이너가 성공하기 어려운 구조다. 자신의 브랜드로 성공하려면 디자인 외에 홍보와 판매 등 알아야 하고 준비할 것이 많다. "슈즈 디자이너가 되기 전에 거쳤던 여러 가지 경험들이 많은 도움이 되었어요. 무슨 경험이든 헛된 것은 없더라고요. 그러니 하고 싶은 일이 있으면 생각에 머물지 말고 실행해보는 추진력과 부지런함을 갖춰야겠죠?"

선생님은 지금까지 많은 '기적적인' 순간들이 있었다고 한다. "맨 처음 온라인으로 구두 주문을 받았을 때가 생각나요. 인터넷으로 주문자 명을 쭉 보는데 '이 사람들이 내 구두를 사준 사람들이구나!', 하면서 굉장히 감격스러웠죠. 갤러리아백화점에 입점하게 되었을 때도 정말 행복했어요. 오랫동안 바라던 일이라 전화 연락을 받았을 때 꿈만 같았습니다. 그리고 잡지에서 할리우드 스타들이 내 구두를 신은 걸 봤을 때도 그랬죠. 잡지를 보다가 전율을 느낄 정도로 깜짝 놀랐어요."

여성스럽고 클래식한 구두 '소피아 그레이스' 론칭

아직도 선생님이 지니킴에서 일하고 있다고 알고 있는 사람들이 많다고 한다. 맨땅에 헤딩하듯 시작해 크게 성공했을 때도, 자신의 회사를 잃고 좌절을 겪으면서도 언제나 구두 만드는 일이 좋았다는 김효진 선생님.

"당신이 좋아하는 것을 디자인하세요. 다른 사람의 말에 귀 기울이지도, 트렌드에 얽매이지도 말고." 우연히 만나 조언을 구했던 세계적인 디자이너 '크리스찬 루브탱'의 말대로 이제 지니킴과 다른 느낌의 새 브랜드 '소피아 그레이스'를 세상에 내놓았다. 새 브랜드는 기존의 글

래머러스하고 화려한 이미지에서 벗어나 여성스러운 편안함과 클래식함을 강조한다.

"지니킴을 하면서 빠르게 성과를 내려고 숨 가쁘게 달려왔어요. 회사의 외형을 키우고 해외 진출을 하고 많은 꿈을 이루면서도 디자인하는 순수한 기쁨을 못 느끼며 점점 저만의 색깔을 잃어갔어요. 전국적으로 매장이 많고 매출을 많이 일으켜야 하니 모든 연령대, 모든 취향에 맞추고 트렌드를 따라가느라 힘들기도 했죠. 이젠 단시간에 많은 돈을 벌고 이름을 알리려 하기보다 오래도록 사랑받는 브랜드를 만들고 싶어요."

이번에는 시즌별로 제품을 쏟아내지 않고 차근차근 가치를 지키며 천천히 해나갈 생각이라고 한다. 고객의 소중한 어느 날에 도움이 되고 행복한 날을 만들어줄 수 있는 구두를 만들고 싶다는 선생님의 미소가 환하게 빛난다.

편안하고 기능적인 디자인에 관심

선생님은 출장을 갈 때마다 도서관과 박물관, 화랑에서 많은 시간을 보낸다고 한다. 박물관에서 본 18세기 드레스에서 다양한 색감 매치의 영감을 얻기도 한다. 저녁이면 그 도시에서 가장 멋진 카페나 레스토랑에 가곤 한다. 그런 곳은 유행의 진원지일 수 있기에 손님들이 어

떤 신발을 신었는지 유심히 관찰한다.

"오랫동안 하이힐이 메인이었는데 2~3년 전부터 사람들이 하이힐을 안 신기 시작했어요. 데이트하거나 회사 갈 때도 편안한 구두나 운동화가 대세죠. 패션을 비롯해 라이프스타일 이 전반적으로 많이 바뀐 것 같아요. 그래서 구두를 제작할 때 편안함을 추구하되 스포츠 회사에서 나온 운동화와는 다르게, 디자이너만의 느낌을 주려고 노력해요. 발이 좀 더 길어 보이고 좁아 보이도록 신경을 쓰죠."

예전에는 하이힐은 불편해도 괜찮다는 생각이었지만 40대가 된 지금은 생각이 달라졌다. 전에는 반짝이는 에나멜 소재를 즐겨 사용했다

면 이제는 부드러운 양가죽을 사용한다. 맨발로 신었을 때도 통풍이
잘 되도록 속을 돈피로 제작하기도 한다. 발바닥 부분에 라텍스를 넣
거나 굽을 안정감 있게 제작하는 등 오래 걸었을 때도 문제가 없는 기
능적인 디자인에 관심이 많아졌다. 하나의 디자인을 만들기 위해서 수
없이 피팅 해보고 라스트(발모양 틀)를 여러 번 깎으면서 보완하기에
많은 디자인을 내지는 못하고 있다.

선생님은 '소피아 그레이스' 외에도 앞으로 하고 싶은 일이 많다고 한
다. "명품 브랜드 '아르마니'하면 꽃집도 있고 호텔, 레스토랑도 있듯이
저도 라이프스타일에 관심이 많아요. 저랑 비슷한 라이프스타일을 공

유하는 사람들에게 필요한 옷, 그릇, 인테리어, 레스토랑, 호텔 등으로 디자인 영역을 넓혀 제안하는 디자이너가 되고 싶어요."

사람들을 행복하게 해주는 꿈의 직업

함께 일할 사람을 뽑을 때 다른 것보다 인성을 많이 본다. 혼자만 잘 났다고 생각하는 사람은 안 된다고 생각하기 때문이다. 디자이너의 포트폴리오를 보고 실력을 가늠하는데, 디자인 감각 못지않게 중요한 것이 취향이다. 색을 고르고 가죽을 고르는 취향에 따라 어떤 구두가 만들어지는지 결정되기 때문이다. "좋은 취향은 노력으로 얼마든지 기를 수 있어요. 포도주를 예로 들자면, 처음 포도주를 마실 때는 단 맛이나 과일 맛이 많이 나는 걸 좋아하게 되지만 계속 마시다 보면 포도주 안에서 나는 다양한 맛들을 즐기게 되고 드라이한 맛이 가지는 매력도 알게 돼요. 그러다 관심이 생기면 공부를 더하게 되고 그러면서 좋은 취향을 만들어가는 거죠. 구두를 만들 때 필요한 취향도 와인처럼 가능한 많이 체험하고 즐기고 배우다 보면 좋은 취향이 길러진다고 생각해요."

김효진 선생님은 꿈을 그리고 이루어 가는 데는 열정이 가장 중요하다고 꼽는다. "어떤 일을 하더라도 열정이 있는 사람과 아닌 사람은 큰 차이가 나요. 좋아하는 일에 마음껏 뛰어드는 열정이 가장 중요하죠.

다음으로는 '행동'이에요. 저는 치밀하게 계산하고 모두 준비된 상황에서 시작하지 않았어요. 원하는 게 있으면 일단, 움직였죠. 움직이면 다음 문이 열리고 또 다음 문이 열려요. 또한 꿈을 밀고 나가는 힘은 긍정에서 나온다고 생각해요. 회사를 그만두고 유학을 간다고 했을 때나 구두를 만들기 시작했을 때 주변에 말리는 사람들이 많았어요. 하지만 저는 어머니께 400만 원을 빌려 창업을 하면서도 분명히 될 테니까 문제없다고 생각했어요."

긍정적인 마음을 가지면 상대방이 그 마음에 감동하고 결국 우주가 내가 원하는 방향으로 움직인다는 선생님의 이야기에는 그러나 조건이 하나 있다. 사랑하는 일을 만나고 그 일에 열정적으로 빠져들 것! 매 순간 마음 속 이끌림에 따라 움직였다는 선생님이 세상을 놀라게 할 수 있었던 건 마음을 다해 자신의 일을 사랑했기 때문 아닐까!

"자기가 잘 하고 진짜 좋아하는 일을 하면 돈은 저절로 벌려요. 그러니까 입시도 중요하지만 어떤 일을 좋아하는지 고민하고 끊임없이 찾아보려는 노력도 함께 하길 바랍니다. 직업을 결정할 때는 멀리서 겉모습만 보는 것보다 실제로 그 직업에 대해 관찰할 기회를 많이 가지면서 알아봐야 해요."

선생님은 내가 좋아하는 구두를 맘껏 만들 수 있고, 많은 사람들을 행복하게 만드는 '꿈의 직업(dream job)'이 슈즈 디자이너라고 생각한다. 하지만 겉으로는 화려해 보이기만 하는 슈즈 디자이너 모습 뒤에는 공장에서 하루 종일 일하고 소재를 사러 시장에 돌아다녀야 하는 드러나지 않는 힘든 과정이 많이 있다고 한다. "슈즈 디자이너를 희망한다면 구두를 정말 사랑하는지 구두와 관련된 일이라면 어떤 일도 즐겁게 할 수 있을지 먼저 깊게 생각해 보길 바랍니다. 만약 일을 시작하게 되었다면 되도록 구두 판매부터 공장에서 일하는 과정까지 많은 것을 경험해 보라고 권하고 싶어요. 굳이 대학을 나올 필요는 없고 학원에서도 얼마든지 구두 디자인을 배울 수 있습니다. 잡지나 유튜브에서 해외 패션쇼를 자주 보면서 트렌드와 센스를 배우는 것도 좋죠. 세상에 구두 만드는 사람들은 많지만 모양만 척 봐도 '이건 누구의 디자인이다'라고 말할 수 있는, 자기 자신만의 스타일을 만들어 가는 진정한 '디자이너'가 되길 기원합니다!"

Interviewer 권혁준, 김수현, 이채린

PROFILE

김 효 진(지니킴) 성균관대학교에서 의상디자인을 전공했다. 졸업 후 패션잡지 에디터, 홍보대행사, 원단 회사 등에서 다양한 경험을 쌓고 미국 뉴욕주립대 FIT에서 머천다이징 매니지먼트와 구두디자인을 공부했다. 이후 성수동 구두공장에서 구두 디자이너로 일한 뒤 2006년 어머니에게 빌린 400만원으로 '지니킴 슈즈'를 창업, 첫달에 매출 5천만 원이라는 놀라운 성과를 거두고 연매출 150억 원 이상을 기록하는 브랜드로 성장시켰다. 하지만 온라인 쇼핑몰과 합병을 거치며 경영권을 잃고 대표직을 내려놔야 하는 아픔을 겪었다. 그리고 2018년, 미국에서 3년간 머물면서 차근히 준비한 새 구두 브랜드 '소피아 그레이스'를 론 칭하며 한국에 다시 돌아왔다.

슈즈 디자이너

Who

무슨 일을 할까 궁금해

슈즈 디자이너는 소재를 고르는 것부터 디자인, 제작, 품평회에 이르기까지 모든 과정에 깊이 관여해요. 새로운 디자인의 슈즈를 선보이려면 먼저 패션 경향을 파악해야겠죠? 잡지나 인터넷 등을 통해 패션 경향을 파악하고 국·내외 시장조사를 거쳐 신제품의 콘셉트를 정해요. 신제품에 적용될 소재를 선택하고 소재에 맞는 디자인을 스케치한 다음 디자인에 맞는 굽과 코사지 등의 부자재를 선택하죠. 소재와 부자재, 굽, 라스트(구두골) 등이 설명되어 있는 작업지시서를 신발 패턴원에게 보내어 샘플을 제작하면 피팅을 해서 착용감, 신었을 때의 모양 등을 확인해요. 이때 수정·보완해야 할 점은 재제작을 요청하죠. 최종 샘플이 완성되면 품평회를 열어 어떤 색상과 소재를 사용하여 생산할 것인지를 결정하게 되요.

슈즈 디자이너의 절대 '매력'

슈즈는 '패션의 마침표'예요. 하이힐은 '당당함'이죠. 구두는 절대 포기해서도, 포기할 수도 없는 아름다운 아이템이에요. 그런 구두를, 자신이 디자인한 구두가 실물로 딱, 나왔을 때를 상상해 보세요. 그 넘치는 희열! 그리고 그 슈즈를 누군가 신고 있을 때의 감동! 그건 직접 느껴보지 않으면 몰라요. 멋진 슈즈를 만든다는 건 행복이에요.

쉬운 일은 없어! 알아둬야 할 슈즈 디자이너의 세계

발은 사람의 발에 딱 맞지 않으면 신을 수가 없어요. 신경을 아주 많이 써야 해요. 또 디자인이란 창작의 고통이 따라요. 내 눈에는 예뻐 보이지만, 남들 눈에는 그렇게 보이지 않을 수도 있으니까요. 그래서 인기를 못 끄는 일도 다반사예요. 끊임없이 보고, 끊임없이 추구하고, 끊임없이 노력해야 해요.

★ ★ ★

How

**슈즈 디자이너가
되려면?**

센스나 감각이 뛰어나야 하며, 디자인 아이디어를 구하기
위해 슈즈뿐 아니라 패션 전반에 대해 관심을 가져야해요.
슈즈 디자이너가 되기 위해서는 체계적인 교육과 훈련이
필요한데요, 현장에 나가보면 유학 다녀온 친구들이 상당수
있고, 패션 디자인을 전공하거나 미술을 전공한 친구, 신발
전문학교나 학원을 졸업한 친구도 있어요. 전공은 무엇이든
적어도 6개월에서 1년 정도 슈즈 디자인 코스를 밟고 지원하는
게 좋아요. 우리나라에도 슈즈와 관련된 학교나 학원이 많으니 그
과정을 배우고 들어오면 모르고 디자인하는 것보다 훨씬 나아요

**관련
전공학과는?**

슈즈 디자이너가 되기 위해서 대학을 꼭 나와야 하는 것은
아니에요. 하지만 대학의 의류학과, 의상학과, 의류직물학과,
의상디자인학과, 패션디자인학과, 산업디자인학과,
시각디자인학과 등에서 디자인에 대한 지식과 감각을 기르면
좋아요.

**미래 전망은
어떨까?**

멋에 대한 사람의 관심은 끊이지 않아요. 슈즈 디자인이 최근
10여 년간 국내에서도 크게 확장되기는 했지만, 그래도 여전히
가능성은 있다고 봐요. 디자인이 제품의 경쟁력을 좌우하는
요소로 부각되면서 디자이너의 역할이 더욱 중요해지고
있거든요. 기업에서도 참신한 아이디어를 발굴하기 위해 디자인
경연대회를 개최하고, 디자인 전문회사나 대학 등과 연계하여
디자인 개발에 힘을 쏟고 있어요. 단, 장기적인 경기 침체로 소비
심리가 위축되고, 해외 브랜드의 국내 진출이 크게 늘어 경쟁이
심한 것만은 사실이에요.

♫

국악인 이희문

국악의 격식과 틀을 깨다

조선의 아이돌이 된 경기소리 명창

망사 스타킹에 하이힐을 신은 남자, 펑키스타일 가발을 쓴 쇼킹한 비주얼로 신나게 몸을 흔들며 경기민요 자락을 거침없이 부른다. 현대적이고 화려한 무대 의상과 소리로 민요를 록음악처럼 풀어내는 민요 록밴드 씽씽! 상상을 뛰어넘는 다채로움에 관객들은 마음을 활짝 열고 후렴구를 따라 부르며 열광한다. 어떻게 이런 밴드가 나올 수 있을까! 국내보다 외국에서 먼저 알아본 씽씽, 그 중심에 있는 경기소리 명창 이희문 선생님을 만났다. 선생님은 넘치는 끼로 파격적인 무대를 선보이며 화제를 몰고 다니지만 무대 밖 모습은 차분하고 조용한 느낌을 주었다.

선생님은 국가무형문화재 제57호로 지정된 경기민요 이수자로서 국악계의 유명한 실력자이다. 예부터 민중들 사이에서 불려오던 민요는 각 지역마다 다르게 발전해왔는데, 그중에서 경기도 지역의 토착민요를 경기민요라고 부른다. 무형문화재 제도는 인간문화재 예능보유자 밑에 전수 조교, 그 아래로 전수자들을 두고 있다. "전수자로서 문화재청에 등록이 되려면 전수장학생으로 선발되어야 해요. 그리고 나서 보통 5년 이상 공부한 뒤 스승님이 이제 이수 시험 봐라 해야 이수 시험을 볼 수가 있고, 시험을 통과해야 문화재청에 전수자로 등록되는 거예요. 그러면 전수과정으로는 졸업이에요. 거기까지 대개 10년 정도 걸리는데 저는 7년 걸렸어요. 경기민요는 판소리분야와 달리 남자가 거의 없었어요. 그래서 스승님께서 신경을 더 많이 써주신 거 같아요."

춤과 노래를 좋아했던 학창 시절

한국예술계의 변방에 놓였던 경기민요를 공연의 중심으로 끌어온 이희문 선생님은 어렸을 적부터 대중가수들의 공연을 무척 좋아했다고 한다. "뭐에 빠지면 다른 게 안 보였어요. 오로지 그것에만 몰입하는 스타일이죠. 초등학교 때부터 민해경, 마돈나 등 당시 인기 있던 댄스 가수들을 선망했어요. 그 가수들 뒤에 서는 댄싱 팀에 들어가고 싶어서 춤을 엄청 열심히 연습했던 기억이 나요. 춤을 추다 보니 한때는 노래하는 가수가 되고 싶다는 꿈도 꾸었었죠." 대학 입학 후 가수가 되고 싶어 기획사에 들어갔지만 연예 기획사의 시스템이 맞지 않는다는 생각이 들었다. "그때 처음 알았어요. 뮤지션이 되고 싶었던 거지 연예인이 되고 싶었던 것은 아니라는 것을요."

깊은 맘고생에 기획사를 그만두고 도피하듯 군대에 다녀온 후 복학대신 일본 유학을 선택했다. 그곳에서 관심 있던 영상제작을 공부했고 돌아와서는 뮤직비디오 조연출로 활동했다.

예술가의 길로 이끌어준 세 분의 어머니

뮤직비디오 조연출로 인정받던 선생님이 경기소리 이수자로서 예술활동을 하게 된 데는 운명같은 만남이 있었다. 바로 세분의 어머니다. 선생님의 친 어머니는 명성 높은 경기민요 소리꾼인 고주랑(경기민요 이수자) 명창이다. 예전에는 소리꾼을 예술가로 대접해주는 분위기가 아니었기에 어머니는 아들이 자신처럼 소리꾼이 되는 것을 당연히 원치 않았다고 한다. 전통음악을 금기시하는 분위기 속에서 자란 선생님은 민요를 하면 절대 안 되는 줄 알았다. 하지만 어린 시절부터 자연스레 접하던 문화적 토양은 선생님의 몸과 마음 깊이 스며들 수밖에 없었다. 일본 유학 시절, 외로울 때면 친숙하게 듣던 민요 음반을 틀어놓고 따라 부르곤 했었다. "그때 긴 아리랑이라는 곡을 자주 들었는데, 그렇게 좋더라고요." 긴 아리랑은 민요를 좋아한다는 사람들도 쉽게 듣지 않는 어려운 곡으로 민요를 전문적으로 아는 사람들이나 좋아할 만한 노래였다. 하지만 딱 거기까지였다. 경기소리 이수자가 된다는 생각은 꿈에도 하지 못했다.

그런데 어떻게 경기소리 이수자가 되었을까? 그 계기를 만들어주신 분이 바로 두 번째 어머니로 모시는 분, 경기소리의 인간문화재이신 이춘희 명창이다.

"국악으로도 뮤직비디오를 만들 수 있지 않을까 해서 어머니를 따라 국악공연을 갔는데 그곳에서 어머니의 옛 동료였던 이춘희 명창님을 만나게 되었어요. 제가 그날 공연에서 들은 소리를 흥얼거리자 그분이 저를 신기하게 보시면서 민요 한 번 해볼 생각 없냐고 권유하셨어요. 그때 굉장히 당황했었죠. 어느 누구도 제게 그런 말을 해준 적이 한 번도 없었거든요."

취미로라도 해볼까 생각한 선생님은 다음날 이춘희 명창을 찾아갔다. "그곳에서 유학시절 자주 듣던 긴 아리랑을 불렀더니 '넌 소리를 해야겠다'고 단호하게 말씀하셨어요. 그리고 제 소리 스승님이 되어주셨어요."

소리를 배우기 시작하는 시점으로는 꽤나 늦은 연령대였다. 그러나 선

이희문 선생님을 예술가의 길로 이끌어준 세 어머니와 함께. 오른쪽부터 친 어머니인 고주랑 명창, 안은미 감독, 이춘희 명창. 사진/ 장민경

생님의 천부적인 끼와 스승의 열정적인 지도 덕분에 소리꾼의 세계에서 곧바로 두각을 나타낼 수 있었다. 이왕이면 제대로 해야겠다는 생각에 늦깎이 대학생이 되었다.

"다시 제로가 된 거예요. 스물일곱에 만학도가 되어 열아홉 살 서울예술대학교 국악과 친구들과 함께 기초를 닦았죠. 씽씽의 여성 보컬도 그때 만난 대학 동기예요."

선생님은 전국 민요 경창대회 종합부문 대통령상까지 거머쥐는 등 재능을 아낌없이 발휘했다. 하지만 자유분방하게 지내왔던 선생님에게

층층시하 같았던 국악계는 또 다른 고민을 안겨주었다. "옷차림이 튄다는 등 사소한 것까지 지적을 많이 받았어요. 어머니가 유명한 명창이었기에 행동 가짐이 더 조심스러웠죠."

소리하는 것 자체는 재미있었지만 제도적인 시스템과 분위기가 잘 맞지 않아 맘고생이 많았다. 그래도 많은 시행착오를 겪고 돌고 돌아 온 길이기에 쉽게 진로를 바꿀 수도 없었다. 그때 선생님을 이끌어준 분이 바로 세 번째 어머니, 국내 최고의 현대무용가로 손꼽히는 안은미 예술감독님이었다. 안 감독님은 관습을 깨는 도발적인 무용가로 널리 알려져 있었다. 이희문 선생님은 안 감독님이 연출하는 현대무용작품 <바리-이승편>에 오디션을 신청했다. 당시 안 감독님은 선생님의 끼를 금방 알아차리고, 주인공 바리공주 역으로 낙점했다. "딸을 낳아 버린다는 문화가 해외에서는 거부감을 줄 수 있기에 딸인지 아들인지 알 수 없는 중성적인 이미지로 저를 발탁한 거죠. 제 작은 체구와 보이스 칼라가 주는 중성적인 느낌이 연출자의 의도와 딱 맞아떨어져 유럽에서 폭발적인 인기를 끌었어요. 인기리에 유럽의 많은 도시를 투어하면서 춤과 공연 연출법을 배울 수 있었고 경기민요를 다른 장르에서 다른 사람들과도 할 수 있다는 가능성을 깨달았죠."

선생님은 성악, 기악, 무용 등 다양한 장르의 예술가들을 모아 '이희문 컴퍼니'를 만들고, 2009년도부터 매년 작품을 만들어오고 있다. "방대한 레퍼토리의 보고인 경기민요를 모티브로 여러 장르를 융합해 콘텐츠들을 창작하고 있어요. 그 중에 가장 애착이 가는 작품이 2016년부터 2018년까지 제작한 '깊은 사랑(舍廊)'인데, 시리즈 3부작까지 발표했어요. 그리고 2013년부터 2015년까지 제작한 오더메이드레퍼토리 중에서 2부작 '쾌'라는 작품이 기억에 많이 남아요. '쾌'에서 음악만 따로 가지고 나와 홍대 클럽으로 간 것이 민요록 밴드 '씽씽'이 되었죠." 선생님은 남성 4인조 재즈 밴드 '프렐류드'와 함께 민요·재즈 콜라보 작업도 하고 있다. "민요와 재즈는 한국과 미국의 민속음악이자 대중적인 음악이라는 공통점이 있어요. 때문에 서로 자연스럽게 어울려 시너지를 얻을 수 있죠. 제 안에 내재된 재능을 이끌어내기 위해 다양한 시도를 하고 있는 거예요."

씽씽 공연은 세대를 뛰어넘는 놀이터

안 감독님은 작품 '쾌'를 통해 이 선생님 안에 숨겨져 있던 끼와 재능을 관객들 앞에 꺼내어 펼칠 수 있도록 이끌어주었다. "반짝이 드레스에 망사 스타킹을 신고 공연을 했는데 관객분들이 굉장히 좋아하셨어요. 비주얼이 바뀌면 그 안에 인격도 바뀌는 거 같아요. 갓 쓰고 한복 입을 때와는 완전히 다른 느낌이 들었어요. 비로소 제 안에 감추고 있던 많은 부분을 맘껏 펼칠 수 있게 되었죠. 안은미 감독님 덕분에 제가 가장 좋아하는 모습으로 공연할 때 무대 위에서 제일 반짝일 수 있다는 것도 알게 되었어요. 그때부터 사회적인 관습이 아니라 제 생긴

폭발적인 인기를 끌고 있는 민요록밴드 씽씽.

대로 살아야겠다는 생각을 굳히게 되었고 씽씽으로 나가면서 더 자신

있게 표현할 수 있게 된 것이죠.”

선생님은 평상시 쓸모없어 보이는 옷과 소품들을 사 모은다. 그것을

잘 조합해서 활용하면 유니크한 공연 패션이 연출된다고.

춤을 추면서 노래 부르기를 좋아하기에 흥과 끼를 맘껏 분출해낼 수

있는 편안한 공간을 좋아한다. 신촌 홍대 앞 클럽도 그중 하나다. 민요

와 홍대 앞 클럽 문화는 왠지 동떨어진 것 같은 느낌이 들지만 선생님

이 함께 하고 있는 씽씽의 클럽 공연은 폭발적인 인기를 끌고 있다.

사람들은 경기소리 이수자가 씽씽의 보컬로 활동하는 것에 대해 민요의 대중화에 앞장서기 위해서라고 짐작한다. 하지만 선생님은 그런 대의명분보다 정말 재미있기 때문에 씽씽 공연을 하고 있다고 한다. "낯선 장소에서 새로운 사람들을 만나는 것이 처음에는 생소하고 두려웠는데 특히 젊은 관객들이 계속 공연에 오고, 민요 가사를 찾아보는 걸 보면서 다르다는 생각을 했어요."

6명의 씽씽 멤버들은 각자 개성이 뚜렷하다. 굳이 서로 맞춘다고 개성을 버릴 필요 없이 자기 생긴 대로, 하고 싶은 대로 거침없이 공연을 한다. 그 속에서 나오는 에너지가 씽씽의 가장 큰 장점으로 평가 받고 있기도 하다. 그들은 국악으로 세대를 뛰어넘는 놀이터를 만들었다. 스탠딩 공연인데도 불구하고 젊은 층부터 50~60대까지 다양한 연령대의 관객들이 씽씽의 공연을 통해 해방감을 느끼고 함께 어우러진다. "즐거움이란, 흥이란 나이가 없다는 생각이 들어요. 무대 앞에서 관객분들이 기를 주시니 저도 에너지를 많이 드려야 한다는 생각에 열심히 해요. 그래서 공연이 끝나면 거의 탈진 상태가 되곤 하죠."

아시아인 최초로 '타이니 데스크 콘서트'에 출연하다

씽씽은 뉴욕에서 열린 '글로벌 페스트 뮤직 콘서트'에 참가한 이후 현지의 많은 프로듀서들로부터 러브콜을 받았다. 미국 공연 투어 중 공

미국의 '타이니 데스크 콘서트'에 출연한 씽씽.

영 라디오 방송 'NPR'의 '타이니 데스크 콘서트'에 출연 요청도 받았다. "빡빡한 공연 일정 중 유일하게 하루 쉬는 날이었어요. 출연 요청을 받고도 왕복 8시간이나 걸리는 워싱턴까지 가야 한다는 것이 체력적으로 무척 부담이 되어 반갑지만은 않았어요. 그런데 알고 보니 '타이니 데스크 콘서트'는 지금 세계에서 가장 '핫'하면서 '힙'한 음악가들의 라이브 영상을 보여주는 프로그램이었던 거예요. 아델, 존 레전드, 썬더캣, 찬스 더 래퍼 같은 팝 스타들이 타이니 데스크 콘서트에 출연해 노래했고, 여기에 씽씽이 아시아 음악가로는 처음으로 출연한 것이니 정말 대단한 영광인 거죠." 씽씽의 타이니 데스크 콘서트 출연 소식에 음악 관계자들의 반응은 그야말로 뜨거웠다. 라이브 영상이 풀리자 현지는 물론 한국의 많은 관객들도 씽씽을 주목하기 시작했다. "홍대 클럽의 공연 티켓이 오픈 한지 8분 만에 매진돼 깜짝 놀랐어요. 150명 규모의 공간이었는데 200명까지 들어왔어요. 가사를 가르쳐 준 적도 없는데 우리 노래의 후렴구를 다 따라 불러 너무 신기했죠." 이 모든 성공의 비결에 대해 선생님은 "세계에서 유일하기 때문 아닐까"라며 독창성이야말로 예술의 핵심이라고 강조한다.

선생님은 인기리에 방영되었던 드라마 '나의 아저씨' OST 중 '그 사나이'를 부르기도 했다. 감독의 요청을 받아 작업을 하게 되었는데, 어릴 적 꿈이었던 대중 가수의 꿈을 이룬 것 아닌가 하는 생각이 들 정도로 호평을 받았다. "존경하는 연출자의 훌륭한 작품에 노래를 부르게 되어서 영광스럽게 생각해요." 이 OST 곡처럼 방송에서 씽씽의 공연을 자주 볼 수는 없을까? 아쉽게도 일단은 방송이 아닌 공연으로만 관객들을 만날 예정이라고 한다. "씽씽의 멤버들이 방송에 나가는 것을 지금 당장은 급급해하지 않아요. 어떠한 시스템에 따르기보다 각자 하고 싶은 대로 자유롭게 일하기를 원하기 때문이죠. 저도 방송보다는 제 스스로 만들어놓은 무대, 즉 제가 만든 세상 안에서 공연하는 것이 편해요."

선생님은 전통 국악을 하는 많은 예술인들이 한정된 세계에서 서로 치열한 경쟁을 벌이고 있는 것이 안타까웠다. 그래서 국악이라는 격식

과 틀을 깨고 자신만의 새로운 틀을 만들어 공연을 하고 있다고 한다. 전통과 현대를 조화롭게 만든 판에서 사람들이 더 재미나게 놀 수 있도록 부단히 공부하고 또 연구하고 있다. 민요 특유의 기교가 잘 들리도록 단순하게 편곡하는 작업에도 신경을 많이 쓰고 있다.

"제가 하는 작업들을 좋아하시고 제 음악으로 인해 힐링이 된다는 분들을 볼 때 정말 큰 보람을 느껴요. 제 스스로도 이런 작업을 통해 사고가 확장되고 좋은 쪽으로 변화되는 모습을 발견하게 돼요. 감사한 일이죠."

민요를 재해석하여 곡을 만드는 것에 대해 전통 민요만을 고집하는 분들이 혹시 좋지 않은 시선을 보내지는 않을까? 우리들의 의구심에 대해 선생님은 그런 점은 별문제가 안 된다고 한다. "전통 민요만 하는 분들은 제가 뭘 하는지 잘 모르세요. 그분들과 함께 활동하는 일이 드물거든요. 게다가 언제나 저를 든든하게 지원해주시는 제 스승님, 전통의 일인자인 이춘희 명창님이 계시는데 누가 뭐라고 하겠어요."

기초부터 차곡차곡 실력을 쌓아라

선생님은 현대적인 감각의 민요 공연을 한다고 해서 전통 소리와 멀어지고 있는 것은 아니라고 강조한다. 사실 전통의 원형을 더 좋아해 무반주에 소리 하는 것을 즐겨한다. 이춘희 명창의 장구 반주에 경기 12

잡가를 녹음해 음반도 만들었다. 12잡가를 제대로 한다는 것은 판소리하는 사람들이 다섯 마당을 완창하는 것처럼 힘든 작업으로 이 선생님이 그만큼 정통 민요에 대한 탐구를 끊임없이 하고 있다는 것을 시사한다. "제 마음 속에는 늘 깊은 사랑의 이미지가 새겨져있어요. 깊은 사랑은 예전에 소리를 하며 놀던 사랑채 같은 곳을 일컫는데요, 마을 사람들이 농한기에 노는 땅을 움집처럼 깊이 파서 위를 서까래로 덮어 만들죠. 땅 속에 있는 사랑채라 해서 깊은 사랑이라고 불렀어요. 옛 사람들은 그 곳에서 소리꾼을 초청해 민요를 들었어요. 언젠가는 그런 곳에서 제 소리를 해 보고 싶은 것이 꿈입니다."

씽씽을 보고 퓨전 민요를 하고 싶다는 학생들이 있는데, 기본부터 차곡차곡 실력을 쌓아야 한다고 힘주어 말한다. "일단 소리를 잘 할 수

있는 재능을 가진 것에 감사하고 기본에 충실하길 바랍니다. 그 후에 많은 장르의 사람들과 만남을 갖고 자신을 열었으면 좋겠어요."

전통과 현대를 조화롭게 융합시키고 그 속에서 재능을 펼쳐온 선생님, 그 끼와 재능은 어디까지일까? "요즘 연극 연기에 대한 주문이 들어오곤 해요. 하지만 전통 연극은 제게 맞는 옷이 아니라고 생각해요. 그보다는 저만의 화법으로 연기를 할 수 있었으면 좋겠어요. 그래서 모노드라마 같은 일인 뮤지컬을 구상하고 있어요." 변화를 두려워하지 않는 선생님의 이번 도전도 꼭 성공하길 기원해본다.

Interviewer 권혁준, 김수현, 이채린

PROFILE

이 희 문 국가무형문화재 제 57호 경기민요 이수자. 서울예술대학교에서 한국음악 전공, 인간문화재 이춘희 명창의 사사를 받았다. 이희문 컴퍼니 대표로서 전통적 무대만을 고집하지 않고 경기민요를 모티브로 다양한 장르의 융합을 시도하고 있다. 2015년 결성된 6인조 민요록밴드 '씽씽'의 멤버로서 전통과 현대가 믹스된, 세상에 하나밖에 없는 독특한 공연을 펼치며 국내는 물론 세계무대에서 찬사를 받고 있다. 제 16회 전국 민요경창대회 종합부문 대통령상 수상, 2014 KBS 국악대상 민요상 수상, 2015 문화예술발전유공자포상 '오늘의 젊은 예술가상'을 수상했다.

국악인

─── *Who* ───

**무슨 일을 할까
궁금해**

국악(Korean classical music)은 우리 민족의 고유성과
전통성을 지닌 음악입니다. 이런 국악의 맥을 잇는 사람들을
국악인이라 해요. 이들은 국악기연주가, 국악성악가, 국악작곡자
등으로 활동합니다. '국악기연주자'는 가야금, 거문고, 장구
등과 같은 우리나라의 전통 국악기를 연주하고, '국악성악가'는
국악기의 장단에 맞춰 판소리, 민요, 가사 등의 창(唱)을
불러요. 이들은 국공립 국악단체나 사설단체 등에 소속되어
있거나 개별적으로 활동하는데요, 단체에 소속되어 있는 경우,
공연이 없을 때에도 정해진 시간에 출근해 연습을 해야 해요.
국악인을 양성하는 교육기관의 강사를 하거나 개인교습을
병행하는 사람도 많아요. 창작국악을 만들거나 전통국악을
새롭게 편곡하는 국악 작곡자들은 국악이론뿐만 아니라 가야금,
거문고와 같은 국악기도 다룰 줄 알아야 해요.

**국악인의
절대 '매력'**

한국전통음악의 소중함과 중요성을 알리고, 옛 것의 아름다움을
지키는 일이기에 자부심을 느껴요. 특히 공연을 보러 오시는
분들이 감동을 받는 모습을 볼 때 가장 큰 보람을 느껴요.

**쉬운 일은 없어!
알아둬야 할
국악인의 세계**

국악은 대부분 오랜 연습을 통해 재능이 개발되므로 인내와
끈기가 필요해요. 연륜과 경험을 가진 선생님들 아래에서
본인의 입지와 실력을 다져나가는 것이 쉽지는 않아요. 여전히
대중들에게 낯선 음악이기 때문에 대중들에게 다가가려는
노력도 필요해요. 국악에 재능이 있고, 앞으로 국악인의 길을
걷겠다면 유튜브에 직접 동영상을 올리는 등 다양한 방법을 통해
자신을 알리고 화제를 모을 필요도 있어요. 기회는 스스로 찾는
것이니까요.

★★★

How

**국악인이
되려면?**

무엇보다 전통음악을 아끼고 좋아해야 하며, 재능이 빼어나야
해요. 악기, 소리, 작곡 등 국악에도 장르가 여러 가지 있으니
자신의 적성에 맞는 전공분야를 찾아야 합니다. 국악 공연을 많이
보면서 국악이 어떤 것이고 내가 배울 악기라든지 무용, 소리가
어떤 것인지를 느껴보고 배우면 공부가 잘되겠죠. 국악인은
국공립 단체의 경우 인원이 빠지면, 공개채용으로 부족한 인원을
채우고 있는데요, 이때 서류 전형 및 실기시험을 치릅니다.
사설단체의 경우 인맥이나 추천을 통해 입단하기도 해요.

**관련
전공학과는?**

무형문화재(인간문화재) 등 유명한 국악인에게 특정 종목을
배우고 전수받아 진출하는 것이 일반적이에요. 이와 더불어
국악 전문 중등학교나 예술 중고등학교, 전문대학 및 대학교의
국악학과, 한국음악학과 등에서 체계적으로 공부하면
국악인으로 진출하는 데 많은 도움이 돼요.

**미래 전망은
어떨까?**

요즘은 국악을 친숙하게 접할 수 있도록 실용국악, 생활국악
등이 선보이고 있죠. 대중가요나 광고에서도 국악기가 사용되고,
퓨전국악이라 하여 유명한 외국곡이나 가요가 국악기로
다시 연주되기도 하는 등 국악과 양악의 절묘한 하모니를
자아내는 경우도 있어요. 해금, 가야금으로 시작한 퓨전국악이
음반시장에서 좋은 호응을 얻고 있고, 비보이 공연처럼 대중에게
인기 있는 공연과 합작하는 등의 노력을 통해 국악의 대중화가
이루어지고 있어요. 이러한 변화는 향후 국악인의 일자리 창출에
긍정적인 영향을 미칠 것으로 보여요. 하지만 매년 배출되는
인력에 비해 국공립 단체에서 안정적으로 일할 수 있는 인력은
제한적이어서 인지도가 있는 단체의 경우는 취업 경쟁이 몹시
치열할 거예요.

모아서 분석하면
놀라운 가치가 생긴다

빅데이터란 의미있는 데이터를 말한다

아침에 일어나 잠들 때까지 우리는 인터넷에 무수히 많은 흔적을 남긴다. 메일을 확인하고, 친구들과 소통하고, 쇼핑을 하며 온갖 뉴스와 맛집 등을 검색한다. 유튜브로 동영상을 올리고, 인스타그램이나 페이스북에 댓글을 남긴다. 이런 행위 하나하나가 모두 데이터가 된다. 이렇다 보니 정보의 양도 과거와는 비교할 수 없을 정도로 어마어마하게 늘고 있다. 이렇게 폭발적으로 늘어나는 데이터를 잘 분석해 가치 있

게 만드는 일에 앞장서는 분이 있다. 바로 우리나라 빅데이터 연구의
최고 일인자로 손꼽히는 장수진 대표님이다.

"예전에는 빅데이터가 단순히 많은 양의 데이터를 일컫는 말로 쓰였
어요. 하지만 이제는 중요한 데이터, 즉 '의미 있는 데이터(Valuable
Data)'로 정의할 수 있죠. 아무리 데이터가 많아도 쓸모 있는 것들을
제대로 골라내지 못한다면 그야말로 빅쓰레기에 불과하겠죠?"

빅데이터라는 개념조차 생소했던 2005년부터 빅데이터를 체계적으로
분석하고 연구해온 대표님은 'JPD 빅데이터 연구소'를 설립하고 빅데
이터를 전문적으로 연구하고 있다. 그간 빅데이터를 분석해 경제, 정
치, 스포츠 분야에서 큰 성과를 낸 데 이어 많은 사람들이 빅데이터를
잘 활용할 수 있도록 강연과 기업컨설팅도 자주 열고 있다.

전자고등학교 시절 컴퓨터에 눈뜨다

누구보다도 앞서서 빅데이터에 관심을 갖고 굵직한 연구 성과를 낸 대
표님은 전자공업고등학교를 다니면서 컴퓨터에 처음 눈을 떴다. "학교
에서 부품 만드는 실습을 나갔는데, 작업 현장이 너무 열악해 충격을
받았어요. 이대로는 안 되겠다 싶어 진로에 대해 깊이 고민했죠. 어린
나이였지만 앞으로 컴퓨터 세상이 열릴 거라는 예감이 들더군요. 컴퓨
터 프로그래밍을 배워야겠다 싶어 전문학원 문을 두드렸어요." 아버

지의 사업 실패로 형편이 어려워 학원비가 벅찼던 대표님은 학원의 온갖 잡무를 봐주고 공짜로 수업을 들었다. 4~5개월쯤 지났을까. 열심히 공부한 덕분에 학원에서 프로그래밍 잘 한다는 소리를 듣게 되었고, 전산과 대학생들을 가르쳐보라는 제안까지 받아 조교 생활을 하기도 했다.

이후 대기업에서 데이터 다루는 일을 하면서 곧 인터넷 세상이 온다는 것을 확신한 대표님은 1996년 독립해서 인터넷 산업에 뛰어들었다. 트렌드를 먼저 본 것이다. "내가 그 세상에 먼저 가서 기다려야겠다고 생각했죠. 제일 먼저 영문으로만 쓸 수 있었던 PDF 문서를 한글로도 쓸 수 있게 개발했어요. 그동안 받침이 있어서 한글이 다 깨져 나오던 것을 극복했습니다. 이 프로그램의 성공으로 제 회사는 크게 성장할 수 있었어요."

또한 기업용 메일 서버를 대용량으로 만들어 큰 성공을 거두었다. 이 기술로 '신소프트웨어 대상'을 받았다. 30대에 승승장구하면서 개발자 엔지니어를 무려 100명 이상 고용하는 등 새로운 기술 개발에 투자를 아끼지 않았다. 하지만 큰 프로젝트가 모두 실패로 끝나는 좌절을 맛보았다.

경제 빅데이터 KOEPI로 특허를 받다

사업 실패 후 1년 반 동안이나 무엇을 해야 하나 고민하던 대표님은 데이터를 수집하고 분석하는 일에 주목했다. 이 일은 자신이 가장 좋아하고 잘 하는 일이면서 큰 사업 비용이 들지 않았기에 곧바로 작업을 시작할 수 있었다. 찾아보니 우리나라엔 특히 경제에 관한 데이터가 많았지만 쓸모 있게 분석된 데이터는 없었다. 그래서 2006년부터 경제 데이터를 모으고 개발해 경제 빅데이터, 코에피(KOEPI)를 완성하고 특허를 받았다. "특허청 사무관이 절 보고 대한민국 1호라고 해서 깜짝 놀랐습니다. 사실 누가 지원해주는 것도 아니니 누가 그 험한 길을 걸으려고 하겠어요. 저도 2~3년이면 될 줄 알았는데 7년 반이나 걸리면서 너무 힘들었습니다."

코에피는 처음 지표를 만들었던 2006년 1월 1일의 경제지수를 기본으로 잡고 국내외 250개 경제지표가 경제 상황에 미치는 영향력을 빅데이터로 분석했다.

"코에피를 통해 일주일 전, 한 달 전과 비교해 우리 경제가 어떻게 변했는지 알 수 있죠. 지금 당장은 아무런 의미가 없어 보여도 데이터가 매일 쌓이면 미래도 쉽게 예측할 수 있게 돼요. 그게 바로 빅데이터인 거죠."

특허를 받은 후 헤럴드 경제 데이터 센터장을 맡았다. 경제학 관련 학위도 없고, 특허 하나 받았을 뿐인데 센터장으로 26명의 경제 석·박사들과 함께 경제 빅데이터 지표를 만들었던 것이다. 이후 대표님은 독립해서 2014년에 JPD 빅데이터 연구소를 만들게 되었다.

축구 빅데이터로 산업을 일으킨다

이제 대표님은 빅데이터를 통해 커다란 산업을 일으키고자 전진 중이다. 산업이란 많은 사람들이 모여서 하나의 생태계를 만들어야 한다. 그런데 경제 빅데이터는 수익을 내는 사업성은 있지만 산업까지는 일으키기 어려웠다. 그래서 연구한 것이 바로 축구 빅데이터다.

축구 경기의 데이터를 분석하고 훈련 프로그램까지
세울 수 있도록 만든 축구 빅데이터 플랫폼.

"지금껏 축구의 기술이 아닌 전술을 데이터로 보여주는 플랫폼은 없었어요. JPD 빅데이터 연구소의 축구 빅데이터 플랫폼은 단순한 데이터 분석뿐만 아니라 빅데이터를 활용한 훈련프로그램까지 포함된 개념입니다."

90분 동안 진행되는 축구 경기에서 선수들은 끊임없이 움직이며, 이로 인해 공과 각 선수 간에 무수한 상호작용이 발생한다. JPD 빅데이터 연구소는 매 경기가 끝나면 24시간 이내에 경기 결과와 공격력을 분석해서 고유의 수치로 변환된 데이터를 제공한다. 또한, 경기 데이터뿐만 아니라 훈련 중 선수별 데이터를 측정해 해당 선수의 현재 상태에 대해 수치화했다.

"감독들이 이 축구 빅데이터 플랫폼을 활용하면, 경기나 훈련 데이터를 보고 최근 어떤 선수의 가치가 가장 높은지 알 수 있죠. 그리고 이에 따라 포지션별로 선수를 기용하게 될 겁니다."

2016년 JPD 빅데이터 연구소의 축구 빅데이터 플랫폼의 도움을 받은 강원 FC는 2부 리그에서 1부 리그인 K리그에 진입하는 성과를 거두었다. 대표님은 제주 FC에도 서비스를 제안했고 앞으로 중국과 축구의 본고장인 영국 프리미어리그에도 진출할 예정이다.

축구팬들이 더욱 즐겁게 경기를 볼 수 있는 어플도 무료로 제공할 예정이다. "축구팬들은 그냥 핸드폰으로 보기만 하면 됩니다. 저희 분석관들이 경기 데이터를 입력하면 자동으로 콘텐츠가 만들어져요. 애니메이션과 그래프로 위치, 거리, 속도 등 경기 전술까지도 자세히 볼 수 있으니 훨씬 재미있겠죠?"

4차 산업혁명이 시작되면서 사람들은 인공지능 때문에 인간의 일자리가 없어진다고 걱정하고 있다. 하지만 대표님은 오히려 인공지능을 통해 산업을 확장하고 역으로 일자리를 만들어낼 수 있다고 한다. 사람을 이용한 실시간 데이터 입력을 통해서다. 자체적으로 축구 빅데이터 분석관 아카데미를 개설해 1,000명의 분석관을 양성할 계획도 갖고 있다.

전화 여론조사의 종말을 예측하다

2015년, 갤럽의 짐 클리프턴 회장은 국내 한 매체와의 인터뷰에서 "전화 여론조사를 통해 얻는 데이터는 이제 큰 쓸모가 없고 신뢰하기도 어렵다"라고 말해 화제가 되었다. 세계 최고 여론조사 기관의 회장이 기존의 여론조사 방식에 대해 회의적인 의견을 내놓은 것이다. 그런데 우리나라에서 짐 클리프턴 회장보다 앞선 2013년, 전화 여론조사의 종말을 예측한 사람이 바로 대표님이다. 많은 데이터를 분석한다고 무조건 가치 있는 데이터가 나오는 것은 아니다. 잘못된 조사 방법으로는 정확한 예측도 할 수 없기 때문이다. 그리고 지난 18대 대선에서 전화 여론조사가 아닌 획기적인 방식으로 정확한 대선 결과를 예측해냈다. 바로 '컵 리서치 시스템'이다.

"원리는 간단합니다. 부스를 방문한 사람들은 커피를 한 잔 가져가는데, 이때 지지하는 후보의 이름이 있는 컵을 가져가는 거죠. 조사에 응한 사람 중 어떤 컵을 들지 망설이는 사람은 한 명도 없었습니다. 마지막으로 허수를 제거하기 위해 컵을 들고 가는 사람들에게 넌지시 투표 여부에 대한 질문을 건넸죠. 선거 날 여행이라도 가시냐는 식으로요. 그렇다고 대답한 사람들의 답변은 결과에 포함시키지 않았습니다. 실제로도 투표하지 않을 가능성이 높으니까요."

행인 3,000명을 대상으로 실시한 컵 리서치 결과는 놀라웠다. 당시 어떤 여론조사기관보다도 실제 대선 결과와 매우 가깝게 예측한 것이다.

"눈으로 보는 행위와 귀로 듣는 행위는 정확도 측면에서 20배 이상 차이가 납니다. 가장 널리 이용되는 전화 여론조사는 귀로 듣고 말로 응답하게 되지만 우리가 투표할 때는 눈으로 보고 도장을 찍잖아요. 컵 리서치가 눈으로 컵을 보고 들어 가져가는 행동으로 이어지니 실제 투표와 비슷한 결과를 예측할 수 있었습니다."

CEO에게 꼭 필요한 빅데이터 교육

빅데이터에 대한 연구와 활용 외에 교육에도 힘을 쏟고 있다. 농촌진흥청에서 박사급 인재를 대상으로 창의 인재교육과정을 진행했으며, CEO들을 대상으로 맞춤형 1:1 교육을 진행하고 있다.

"기업에서 최종 의사 결정은 전부 CEO들이 하잖아요. 각 실무 담당자들이 빅데이터를 기반으로 일을 할 수 있게 하려면 CEO들이 빅데이터 시스템을 명확히 이해하고 받아들여야 합니다. 앞으로는 더욱 빅데이터에 의한 통찰력이 중요해질 겁니다."

오랜 시간 기업들은 CEO의 개인적인 감각에 의존해 의사 결정을 진행해왔다. 하지만 4차 산업혁명 시대에 들어서면서 시장은 점점 불규칙적으로 변화하고, 이에 따라 기업의 생사를 가를 정도로 의사결정이 중요해졌다. 대표님은 같은 데이터를 가지고 사람에 따라 결정이 달라지는 기업은 불확실성의 시대에 살아남을 수 없다고 말한다. 또한, 어떤 상황에도 빅데이터에 근거해 최선의 선택을 내리는 플랫폼이 등장하기 위해서는 각 분야 CEO들의 인식이 변화해야 한다고 덧붙인다.

앞으로 빅데이터 교육 과정을 자라나는 아이들에게도 적용할 계획이다. "미래에는 데이터를 가지고 놀 수 있는 인재가 필요해요. 배운 대로 시킨 대로만 하는 사람은 그렇게 못하죠. 그래서 영재 교육원을 만들려고 해요. 대학입시 위주가 아닌 진정한 빅데이터 교육을 해보려 합니다. '일론 머스크' 같은 사람 한 명만 키워도 대한민국이 남부

럽지 않게 잘 살 수 있는데 기여할 수 있지 않을까요?"

4차 산업혁명의 핵심은 빅데이터

빅데이터란 용어는 2010년 전후 처음 사용되기 시작했다. 스마트폰이
나오면서 동영상, 음성, 사진처럼 수치화할 수 없는 데이터가 무수하게
쏟아졌다. 데이터가 무슨 가치가 있냐고 생각할 수도 있지만 대표님은

데이터를 모으고 잘 분석하면 가치가 생긴다고 강조한다.

"4차 산업혁명은 기술과 데이터의 융합으로 만들어지는 산업입니다. 핵심이 데이터죠. 그런데 무조건 데이터가 많다고 되는 게 아니에요. 인공지능도 가치 있는 빅데이터가 있어야 만들 수 있어요. 인공지능이 잘 만들어졌는지, 어떤 산업이 성공했는지도 빅데이터로서 판단할 수 있으니 데이터 없이는 혁명도 없는 셈이죠."

우리나라의 빅데이터 수준은 아직 미흡하다. "선진국보다 5년 이상은 뒤쳐져 있다고 봅니다. 빅데이터를 마케팅 정도에나 쓸 수 있다고 알고 있거든요. 하지만 빅데이터는 훨씬 더 큰 가치를 만들어낼 수 있어요."

대표님은 돈을 받고 빅데이터에 대한 경영전략 컨설팅을 해준 기업으로부터 고맙다는 인사를 자주 듣는다. 빅데이터에 대한 컨설팅을 통해서 잘 모르던 자기 회사의 가치를 발견하게 되기 때문이다.

"국내 전 산업 분야 42개 업종에 대해 빅데이터로 분석하고 인공지능에 의한 산업지표를 제공하는 서비스와 컨설팅을 하고 있어요. 이게 가능한 건 체계적으로 정리해서 모아놓은 데이터가 있기 때문이죠. 데이터가 있으면 정말 할 일이 많아요. 매일 설레고 기대가 됩니다."

앞으로 빅데이터는 모든 산업의 기본이자 중요한 기준이 될 것이기에 빅데이터 전문가의 수요도 늘어날 전망이다. 준비하는 자만이 기회를 가질 수 있는 미래! 빅데이터 전문가가 되는 길은 무엇일까?

신념과 참을성을 길러라

빅데이터 전문가는 데이터라는 원석을 발굴해 보관하고 가공하는 역할을 한다. 새로운 부가가치를 창출해야 하기 때문에 기획력도 필요하다. 또 최신 유행이나 트렌드를 많이 다루기 때문에 세계 각 기업이나 분야별 시장 동향을 수시로 파악해야 하며, 세계 각국의 빅데이터와 관련한 새로운 기술과 내용, 기사와 논문 등을 신속하게 찾아내는 것도 중요하다. 그리고 빅데이터 전문가에게는 트위터와 인터넷에 떠도는 자신들의 회사 관련 검색어와 댓글을 분석하거나, 자사 제품과 서비스에 대한 고객 반응을 실시간 파악해 즉각 대처하는 것도 일상적인 일이다.

빅데이터 전문가가 되려면 일정 시간을 신념과 참을성으로 버텨야 한다. 빅데이터는 요리처럼 레시피가 있어서 금방 배울 수 있는 게 아니기 때문이다. 긴 시간 데이터수집과 분석하는 능력을 길러야 하기 때문에 장인정신에 가깝다. "제대로 된 요리사가 되려면 3년 동안 그릇만 닦아야 한다고 해요. 어떤 사람은 한 달만 그릇 닦고, 바로 칼질 배우면 되지 별것도 아닌 걸 뭘 그렇게 오래 하냐고 하지만, 전 그걸 이해합니다. 힘든 과정을 겪어내야 설루션과 가치를 알 수 있는 거죠. 그런 장인정신이 없으면 살아남을 수 없다고 판단하는 거예요. 돈을 벌고 유명해지고 싶어 전문가가 되고자 하는 사람은 오래가지 못해요. 궁금한 걸 파고들어 분석하다 보면 자연스럽게 전문가가 됩니다."

사람이 빅데이터다

"빅데이터의 가치는 기술이 아닌 사람이 결정하는 겁니다. 인문학적인 통찰력으로 보이지 않는 것을 꿰뚫어야 하죠. 보이지 않는 데이터를 이용해 가치 있는 데이터를 만들어내는 것이 진정한 빅데이터에요. 대부분 보이는 데이터로만 하다 보니 수학, 통계 쪽으로 자꾸 가고 있어요. 시키는 대로만 하는 사람은 이 분야에서 오래가지 못해요. 더 이상

패턴대로 움직이지 않는 불확실한 미래에 대비하려면 스스로 생각하는 힘을 길러야 하죠. 책과 신문을 많이 읽고 자신의 생각을 정리하는 훈련을 하면 도움이 많이 될 거예요."

우리 청소년들은 이미 빅데이터를 잘 알고 있다. 우리 생활 자체가 빅데이터인데 단지 어떻게 뽑아낼지 모르고 있을 뿐이다. 중고등학교에서 배우는 사칙연산 정도면 누구나 빅데이터를 만들 수 있다. 어렵게 생각될 수 있지만 성실성만 있으면 의외로 쉽게 훈련할 수 있다고 한다.

"자신의 활동을 데이터로 만들어 보는 거예요. 예를 들어 매일 몇 시에 일어나고 몇 시에 학교에 가는지, 몇 시간 공부하고, 몇 시에 밥 먹고, 놀고, 생각하는지 등 자신의 모든 활동을 적어보세요. 그때마다 기분을 아주 좋다, 좋다, 중간이다, 안 좋다, 아주 안 좋다 등 5단계 혹은 더 구체적인 10단계로 정해서 체크합니다. 이렇게 일주일을 기록하고 분석해보면 각 시간대별로 무엇을 했고, 기분이 어땠는지 그래프로 만들 수 있죠. 자신의 바이오리듬을 수치와 데이터로 바꾸는 거예요. 중요한 것은 왜 그랬는지 분석을 하는 겁니다. 왜 늦게 일어났는지, 전날 잔 시간이 늦었는지 등등, 원인 분석을 위해 데이터를 계속 추가하면 생활 자체를 전부 데이터로 만들어낼 수 있죠. 이러한 작업은 중고등학교 수학 수준이면 누구나 가능해요. 이렇게 자신의 생활을 데이터로 만들고 분석할 수 있다면 누구나 훌륭한 빅데이터 전문가가 될 수 있어요. 미래에는 새로운 데이터 인재가 꼭 필요합니다. 자신의 활동을 분석해 데이터로 만드는 훈련을 꾸준히 해보세요."

당분간 혼돈의 시대가 계속될 것으로 전망되는 빅데이터 업계. 대표님은 모 방송국 프로그램에 출연 제의를 받았지만 거절했다고 한다. 유명해져서 돈을 많이 버는 것보다 빅데이터로 산업을 만드는 데 가치를 두고 있기 때문이다. 빅데이터 개발 비용으로 개인 자산까지 아낌없이 투자하고 자신의 꿈을 향해 전진하는 장수진 대표님! 가치의 기준은 사람이 정한다는 이야기가 진한 여운으로 남는다.

Interviewer 권혁준

PROFILE

장 수 진 두산그룹 기획실, SNI Korea, 헤럴드경제 데이터 연구소 등을 거쳐 우리나라 첫 빅데이터 연구소인 'JPD 빅데이터 연구소'를 세웠다. 경제 빅데이터 '코에피'로 특허를 받았고 축구 빅데이터 플랫폼으로 프로축구단의 성적을 올리는 등 주로 경제, 정치, 스포츠, 세 가지 분야의 빅데이터를 집중적으로 연구하고 있다. 또한 기업의 CEO들에게 빅데이터와 관련한 강연과 컨설팅을 하고 있으며, 우리나라 미래를 이끌어나갈 빅데이터 영재를 키우기 위해 준비 중이다.

빅데이터전문가

— *Who* —

무슨 일을 할까 궁금해

빅데이터를 수집하고 분석해 그 결과의 가치를 활용하는 일을 해요. 빅데이터 전문 인력은 데이터를 수집해서 저장하고 처리하는 데이터 엔지니어, 수집한 데이터를 분석하고 예측하는 데이터 사이언티스트, 다양한 데이터 분석 결과로부터 의미 있는 가치를 찾아 기업의 경영전략을 컨설팅해주는 전략컨설턴트 등 단계별로 하는 일이 달라요. 또한 마케팅 스토리텔러, 공간 빅데이터 분석가, 데이터 시각화 디자이너 등 직무에 따라 더욱 세분화되는 추세에요. 빅데이터전문가는 최신 유행이나 트렌드를 많이 다루기 때문에 세계 각 기업이나 분야별 시장 동향을 수시로 파악해야 하며, 세계 각국의 빅데이터와 관련한 새로운 기술과 내용, 기사와 논문 등을 신속하게 찾아내야 해요. 트위터와 인터넷에 떠도는 자신들의 회사 관련 검색어와 댓글을 분석하거나, 자사 제품과 서비스에 대한 고객 반응을 실시간 파악해 즉각 대처하는 것도 일상적인 일이죠.

빅데이터전문가의 절대 '매력'

데이터만 있으면 할 수 있는 일이 무궁무진해요. 특히 빅데이터를 통해 기업의 가치를 발견해줄 수 있다는 특별한 매력이 있죠.

쉬운 일은 없어! 알아둬야 할 빅데이터전문가의 세계

다수의 데이터 처리 경험을 통해 오랜 기간 노하우를 축적해야 될 수 있는 직업이기 때문에 신념을 가지고 꾸준히 공부해야 해요. 전문가가 된 다음에도 오랜 시간이 걸리는 분석과정을 인내하기 위한 끈기가 필수죠.

★★★

How

───────────────────────

빅데이터전문가가 되려면?

기본적으로 통계학에 대한 지식과 비즈니스컨설팅에 대한 이해, 데이터 분석을 위한 설계 기법활용 등에 대한 전문적인 역량이 필요해요. 또한 '데이터 준 분석 전문가(ADsP)'나 '데이터분석전문가(ADP)' 등의 국가 공인 자격증을 취득하면 입직하는데 도움이 되죠. 현재 우리나라에서는 데이터 분석가, 통계분석가 등이 빅데이터 분야에서 활동 중인데요, 주로 기존 IT업계 종사자를 대상으로 전문 교육이 이루어지고 있는 실정이에요. 앞으로는 보다 높은 수준의 전문성이 필요하기 때문에 장기적인 인재 양성 방안에 대한 요구가 커지고 있죠.

관련 전공학과는?

대학의 통계학, 컴퓨터공학, 산업공학 등을 전공하여 기술적인 베이스를 갖추고 경영학이나 마케팅 분야의 지식과 경험을 쌓아두면 기술적인 베이스와 융합해 시너지 효과를 발휘할 수 있어요.

미래 전망은 어떨까?

국내 빅데이터전문가들은 대기업 또는 검색포털사이트, IT업체, 전문데이터분석업체, 대기업 계열사를 비롯한 카드사, 금융업계 등에서 활동하고 있어요. 각 기업 및 기관에서는 경쟁 사회에서 살아남기 위해 사람들이 어떤 분야에 관심이 있는지, 자주 찾는 정보는 무엇인지, 한번 찾으면 얼마 동안 머무는지 등 최신 유행이나 트렌드를 분석해야 생산성과 매출로 이어지기 때문에 기술력 좋은 빅데이터전문가 인재를 차지하기 위한 경쟁이 치열해요. 때문에 취업의 문은 넓지만 실무능력을 갖춘 인력은 턱없이 부족한 상태입니다.

공정한 보도를 위해
24시간을 뛴다

인정받는 글로벌 디지털 특파원

런던, 뉴욕, 서울. ABC뉴스 서울 사무실엔 세 개의 벽시계가 각기 다른 시간을 향해 달려간다. 각종 방송 장비들과 커다란 텔레비전이 놓인 이곳은 ABC뉴스의 한국 지국으로, 아시아의 빅뉴스나 북한과 관련된 한국 뉴스를 취재해 내보내고 있다. ABC(American Broadcasting Company)뉴스는 미국의 권위 있는 뉴스 방송국으로 정평이 나있다. 이 방송국의 한국지국장을 맡고 있는 조주희 기자님

2018년 5월 26일 제 2차 남북 정상회담 이후 문재인 대통령 기자회견 장면.

은 자신을 디지털 특파원이라고 소개한다. "10년 전부터 기술이 발달하면서 방송이 글로벌 디지털화되었어요. 모바일 환경에서 전 세계의 뉴스를 쉽고 빠르게 접할 수 있게 되었죠. 그들의 취향에 맞게 뉴스를 만들고 보도하는 형식도 달라졌어요. 우리 직원들도 그에 맞게 혁신을 이루어야 한다는 취지에서 기자들한테 디지털이라는 이름을 붙여주고 있죠."

ABC뉴스 외에도 워싱턴포스트 서울 특파원, 시사투나잇 방송 진행자, 신문방송학과 강사 등 그간 왕성한 활동을 해온 조주희 기자님. 글로벌 미디어 전문가로 인정받고 있는 기자님은 문재인 대통령 신년기자회견에서 북한 관련 질문을 하는 모습이 생중계되면서 많은 이들의 주목을 받기도 했다.

기자의 꿈을 향해 한 발 한 발

학창시절 꿈을 묻자 정치를 하거나 언론인이 되고 싶었다고 한다. "초등학교 때부터 신문 보는 게 취미였어요. 중, 고교 시절엔 신문을 펴놓고 아버지와 토론을 벌이는 게 하루의 마지막 일과였죠. 자연스레 사회문제나 정치에 관심이 많아졌고, 일어나는 현상을 언론이 제대로 보도하는지 의구심을 갖기도 했어요."

주미 한국대사관 과학관으로 근무하는 아버지를 따라 초등학교 3학년부터 3년간 미국 워싱턴 DC에서 자랐다. 지금은 글로벌화되어서 큰 차이가 없지만 그때만 해도 두 문화 간에 엄청난 차이가 있었다고 한다. "미국에서는 개인의 취향을 굉장히 존중해줬어요. 각자의 재능을 빨리 발굴해 성장하도록 돕는 분위기랄까요? 교사도 전혀 폭력적이지 않았고 누구에게나 공평한 학교 문화를 접하면서 '우리는 왜 그러지 못할까'라는 생각을 했어요."

뉴스도 미국에선 영화처럼 스토리가 있고 시리즈로 보도되는 경우가 많았다. 대통령의 근황을 이야기하다가 갑자기 고향을 잃어버린 사람

들의 뉴스를 보도하는 식으로 자유로운 분위기였다. 뉴스의 가치기준
이 우리나라와 많이 다르다는 걸 일찌감치 알아차리고 비교를 자꾸
하다 보니 이다음에 크면 언론인이 되어 공정치 않은 부분을 바꾸고
싶다는 꿈을 막연하게 가지게 되었다.

중·고교를 한국에서 다닌 뒤 87년 이화여대 정외과에 입학했지만 1년
만에 미국 워싱턴 조지타운대학으로 유학을 떠났다. "중고등학교 때
부터 미국에 가고 싶었어요. 개성이 강한 편이라 집단주의적인 분위기
속에 공부하는 게 힘들기도 했고 좀 더 넓은 세상에 나가 배우고 싶어

유학길에 올랐죠.”

완고한 부모님을 설득해 비싼 비용을 내고 유학을 갔는데 성적 때문에 제적당하면 안 되니 목숨을 걸고 공부하고자 했다. 그런데 초등학교 때 미국에서 영어를 배우긴 했지만 대학교 수준의 영어를 따라가기가 무척 벅찼다. 외국인으로서 똑똑한 명문대생 틈에서 공부하기란 참 버거운 일이었다. 그러다 미국 역사 과목에서 C 학점을 받고 정신이 번쩍 들었다. “교수님을 찾아가 영어가 부족하니 성적을 낼 때 감안해달라고 했죠. 대신 다른 학생이 리포트 2번 낼 때 저는 4번을 내겠다고 했어요. 성적이 점점 좋아지면 저의 노력을 인정해달라고 설득했어요.” 수업 때 미처 알아듣지 못한 내용이 있으면 교수를 찾아가 다시 들었고 룸메이트에게도 도움을 요청했다. 자유롭게 토론할 수 있고 피드백 받을 수 있는 미국의 합리적인 환경을 충분히 활용한 셈이다.

어시스턴트부터 출발해 기자가 되기까지

아버지는 딸이 정치인이 되기를 원했지만 기자님은 언론인이 되고 싶다는 꿈을 키웠다. 조지타운대학에 재학 중일 때도 부지런히 언론사의 문을 두드렸다. 88년 서울 올림픽 때는 방학을 이용해 CNN 서울지국에서 통역가로 일하며 미국과 한국을 오갔고, 미국에서는 CBS에서 인턴십 활동을 했다. 드디어 외교학 석사를 마친 1994년 12월, 그렇

게 바라던 언론인의 꿈을 이루었다. CNN 본사 입사가 결정된 것이다. 정식 발령은 7월에 날 예정이어서 공백기에 홍콩으로 여행을 떠났다. 그곳에서 우연히 위성 케이블 뉴스인 ABN(Asia Business News)을 알게 됐다. 다우존스와 월스트리트저널이 공동 출자해 만든 신생 매체였는데 바로 일을 시작할 수 있었다. "마음에 들지 않으면 6개월 뒤 CNN으로 갈 수 있는 옵션이 있으니까 ABN에서 한번 일해보자는 생각이었죠." 몇 달 일을 해보니 ABN은 백인 중심적인 CNN과 달리 다양한 인종이 섞여 있었고, 각 나라에서 온 사람들의 재능을 인정해주는 분위기가 좋았다. "CNN은 워낙 거대한 조직이고 백인 우월주의가 강해요. 동양여자인 제가 원하는 일을 하기까지 얼마나 걸릴지 모를 일이죠. 그에 비하면 ABN은 차별 없이 저의 재능을 제대로 인정받을 수 있을 것 같아 ABN에 남게 되었어요."

외국의 뉴스회사는 처음부터 기자나 피디로 일하는 것이 아니라 밑바닥 어시스턴트부터 시작해야 하는 시스템이다. 전화를 받거나 기자들이 취재할 때 사람들을 가로막기도 하는 등 다양한 경험을 쌓은 뒤 프로듀서가 되는 순서를 밟는다. 어시스트 프로듀서로서 경험을 더 쌓은 뒤 카메라 앞에 서는 기자가 되거나 프로듀서가 된다. ABN에서는 일 년에 한두 번 정도 카메라 오디션을 거쳐 앵커나 기자를 뽑는데, 프로듀서가 백 명이면 기자는 한 사람 나올 정도로 드문 케이스다.

"저도 입사 후 싱가포르 본사에서 트레이닝을 받았는데, 처음엔 방송 테이프를 복사하는 일부터 배웠어요. 홍콩, 일본, 싱가포르, 호주, 한국 등 각국에서 온 신입 직원들과 함께 뉴스 스튜디오와 현장을 뛰어다녔죠. 컨설팅 회사나 국제기구에서 일하는 대학 동기들에 비해 연봉이 한참 적었지만 아쉽지 않았어요. 원하던 일을 한다는 것만으로도 행복했으니까요." 자긍심과 성취감으로 숨 돌릴 틈 없이 달려 1년 만에 프로듀서 발령을 받았다. CNN에서 일했더라면 적어도 7년이 걸렸을 일이었다.

1997년엔 회사가 미국 NBC와 합병하면서 카메라 오디션을 거쳐 기자로 전직했다. 프로듀서에서 기자로 자리바꿈 한다는 것은 카메라를

통해 얼굴과 목소리가 시청자들에게 전해진다는 의미였다. 그만큼의
자질과 책임이 요구됐다.

방송과 신문을 넘나드는 적극적인 삶

2년 후, 다시 한 번 갈림길에 섰다. ABC뉴스와 워싱턴 포스트로부터
공교롭게 비슷한 시기에 서울에서 일해보지 않겠냐는 제의가 들어왔
다. 당시 IMF 외환위기를 겪고 있던 우리나라엔 뉴스가 많았던 때였
다. 둘 다 빅네임의 훌륭한 회사였기에 고민이 많았다.

사실 방송 뉴스와 신문 뉴스는 굉장히 다르다. 신문이 심도 있게 취재
하고 넓고 깊은 스토리로 글 하나하나에 굉장히 공을 들인다면, 방송
은 시간제한이 있기 때문에 짧은 시간에 이야기를 요약정리해서 핵심
만 전달해야 한다. 신문은 글로만 쓰는 거니까 벌어지고 있는 현상을
읽으면서 상상이 되게끔 해야 한다. 방송은 말보다 눈으로 먼저 영상
을 보고 거기에 붙여진 부연 설명을 귀로 듣는 방식이다. 그래서 어떤
장면을 어떻게 편집해서 어떤 순서로 보여줄 것인지 영상편집에 중점
을 둔다. "방송 뉴스는 수박 겉핥기 식으로 핵심만 이야기하다 보니 취
재하면서 알게 된 깊이 있는 내용을 전달하지 못한다는 아쉬움이 있
었어요. 하지만 보다 많은 사람들에게 전달할 수 있다는 매력이 있죠.
이에 비해 신문은 더 깊이 있게 공부해 전달할 수 있는 장점이 있으니

굵직굵직한 뉴스가 있을 때는 바로 방송에 들어간다. 사진은 ABC뉴스 서울지국 생방송 현장.

둘 다 놓치고 싶지 않았어요."

결국 기자님은 두 회사와 공동으로 계약을 맺었다. 두 회사의 업무를 보지만 일이 겹칠 때 우선권은 ABC뉴스에 있다는 조건이었다.

"운이 너무 좋았어요. 한 가지 뉴스를 취재해 두 군데에 보내니 시너지 효과가 나타났어요. 사건이 일어나면 먼저 ABC뉴스에 뉴스를 프로듀싱해서 보낸 후 그것을 토대로 더 많은 사람을 인터뷰해 깊이 있는 신문기사를 작성했어요. 당연히 더 풍부한 지식을 갖추게 되고 그 방면 전문가들도 많이 알게 되었어요. 나중에 그 문제에 대한 뉴스가 재발

되었을 때 ABC뉴스를 취재하기가 훨씬 용이해지더라고요."

하지만 2007년 ABC뉴스에서 디지털화를 선포하면서 풀타임 일을 하게 되었다. 훨씬 많은 양의 뉴스를 만들어야 했기에 워싱턴 포스트는 포기할 수밖에 없었다. "30대였던 그때 정말 건강하고 열정이 많아 두 가지 일을 즐겁게 했어요. 하루에 4시간밖에 못 자도 일이 재미있어 힘든 줄도 몰랐죠. 그때 열심히 뛰어다니면서 적극적이고 용기 있게 들이대야 원하는 것을 이룰 수 있다는 노하우가 생겼어요."

기자의 생명은 공정하고 객관적인 사실 보도

뉴스의 특성 상 시간표를 짜서 정기적으로 돌아가는 스케줄이 아니기 때문에 평상시 균형을 잘 유지하도록 자기관리를 하고 있다. 이를테면 틈날 때 잘 자고 잘 먹는 것은 물론 부지런히 운동하고 햇빛을 쐰다. 일을 많이 해서 피곤할 때는 꼼짝 않고 쉬고 또 너무 쉬었다 싶으면 일을 만들어 나가기도 한다. 꼭 같이 먹어야 하는 가족이 아니면 가능한 저녁 약속을 하지 않는다. 오가는 시간까지 더하면 너덧 시간을 밥 먹는 데 쓰기보다는 혼자 뉴스를 보거나 뭔가 배우는 것을 더 좋아한다. "건강, 가족, 일, 사회생활 중에서 가장 우선되는 걸 정해서 시간을 할애해요. 한정된 시간을 원하는 대로 사용하려면 다른 사람에게 끌려다니지 않아야 하는데, 나와라 해도 거절할 수 있는 용기, 뻔뻔함 같은

2007년 남북정상회담 당시 프레스센터에서.

게 있어야 가능하죠."

외신기자로서도 균형을 유지하려고 항상 노력한다. "나의 역할은 미국 방송국에 한국 뉴스를 전달하는 거예요. 어떤 사건을 한국 사람의 눈으로 보고 한국 사람 입장으로 전달해도 안 되고 그렇다고 미국 언론인의 눈으로 보고 한국 사람을 무시해서도 안 되죠. 공정하고 객관적으로 밸런스를 유지하려고 노력하고 있어요."

외신기자는 낮에는 취재를 하고 밤에는 미국에 있는 본사와 커뮤니케이션을 해야 한다. 자연히 시차가 맞지 않아 제시간에 잠을 못자고 개

BREAKING NEWS TRUMP-KIM SUMMIT

2018년 6월 12일 트럼프 미대통령과 김정은 국무위원장 싱가포르 북미 회담 보도 장면.

인 사생활을 포기한 지 오래되었다고 한다. 그런 육체적인 고단함보다 조 기자님을 가장 힘들게 하는 것은 사회의 편견이라고 한다. 예를 들어 미국엔 북한의 김정은 일가가 전쟁광이라는 편견이 만연해 있는데, 사실은 그렇지 않다는 것을 인식시키기가 제일 어려운 일이었다. 한국에서는 여자 외신기자에 대한 편견을 깨는 것이 힘들었다. 대부분의 사람들은 외신기자라고 하면 노랑머리에 양복 입은 미국 남자를 연상했다. 30대 때만 해도 어려 보이는 외모 때문에 통역하러 온 학생 취급을 받은 적도 있었는데, 이제 여자 기자도 많아졌고 기자에 대한 무시도 많이 없어져서 다행이라고 한다.

기자님은 특히 북한 관련 뉴스 보도를 많이 했다. 김대중 대통령과 노무현 대통령이 북한에 갔던 뉴스도 보도했고 북한을 방문해 아리랑

2018년 4월 27일 남북정상회담 당시 생방송 장면.

공연을 보고 개성, 금강산, 핵발전소 시설 등을 둘러보기도 했다. 지금까지 가장 기억에 남는 취재로는 남북 정상회담을 꼽았다. 기자님은 문재인 대통령과 김정은 국무위원장의 회담, 그리고 싱가포르에서 이루어진 트럼프 대통령과 김정은 국무위원장의 회담을 생방송으로 보도했다. 그때 얼마나 가슴이 설렜을까? 감동적인 장면을 보도할 때 어떤 기분인지 물었다. "기자는 어디까지나 전달자이기 때문에 뉴스를 보도할 때 감동에 심취하면 안 되죠. 그런데 방송을 마친 뒤 가만히 생각해보니 뜨거운 감정이 울컥 올라왔어요. 보도할 때는 몰랐는데, 뒤늦게 방송을 보고 감동이 밀려온 거에요." 지난 24년 동안 김일성 서거부터 김정일, 김정은 3대에 관련된 북한 관련 뉴스를 계속 모니터링 해왔기에 의미가 남다를 수밖에 없었다. "김정은 국무위원장을 가까이 보면서 전 세계가 오해를 많이 벗을 수 있겠다는 생각이 들었어요. 한국 사람으로서 이렇게 역사적인 장면을 직접 보도할 수 있다는 것이 개인적으로 굉장히 뿌듯했어요."

기자에게 꼭 필요한 세 가지! 정확성, 객관성, 호기심

언젠가 사업을 한다고 기웃거려 본 적이 있었다. 그런데 사업엔 영 소질이 없다는 것을 발견했다. 그렇게 다른 분야의 일을 잘 못할 때마다 자신의 천직은 역시 기자라고 생각한다. "궁금한 것은 많지만 하나를 깊게 파는 것보다 두루두루 알고 싶어 하는 성격이에요. 게다가 제 의견은 가슴에 묻어두고 사람들을 찾아다니면서 질문하는 일이 적성에 꼭 맞아요." 그 누구도 하지 못할 질문을 기자는 물을 수 있는 특권이 있다. 어떤 질문이라도 의도만 순수하다면 세상에 나쁜 질문은 없다고 생각한다. 그런 점에서 문재인 대통령 신년 기자회견에서 외신기자인 자신이 "극한 상황이 왔을 때 북한과 미국 어느 쪽을 택하겠냐"고 질문해 주목을 받았지만 이와 비교해 국내 기자들의 질문 수준을 비하하는 댓글들은 적절하지 않다는 입장이다. 모바일 환경에서 뉴스를 보면서 댓글에 자신의 의견을 개진하는 것은 좋다. 그런데 수준 있는 지적 소통의 장이 되어야 할 댓글이 정신적 스트레스를 쏟아내는 분풀이 장이 될 때면 우리나라의 댓글 문화에 대해 안타까운 마음이 들

2008년 미얀마 사이클론으로 십만 명 넘는 사망자가 발생했을 당시 미국 지상파 방송 중 제일 먼저 도착하여 특종을 했다.

때가 종종 있다.

기자란 특권층이나 기득권층이 아니다. 더 바른 사회를 만들기 위해 서포트 해주는 존재랄까. 그런데 이 세상을 바꾸고 싶어 기자가 되고 싶다는 청소년들이 많다. 만약 그런 정의감이 있다면 인권운동가나 정치인이 되라고 말한다. 기자는 이 세상을 바꾸기 위해 이끌어가는 존재가 아니라, 어떤 사건에 대해 한 발짝 떨어져서 지식인들의 여러 주장을 듣고 개관적으로 정리해 많은 사람들에게 전달해주는 존재이기 때문이다.

기자로서 정확성, 객관성, 호기심을 가장 중요하게 생각한다. 기자라면 호기심이 많아 궁금한 사건에 대해 쫓아다니면서 알아봐야 하는데, 모든 것을 사실 위주로 정확하고 객관적으로 알아봐야 한다. 기자는 어느 누구의 편도 들어서는 안 된다. 어떤 사건에 대해 다양한 입장을 취재해 전달할 뿐, 기자 자신은 철저히 제3자가 되어야 한다. 어떤 입장에도 속하지 않으려면 편견 없이 자신 의견을 철저히 비울 줄 알아야 한다. "어떻게 보면 속이 없다고 할지 모르지만 기자의 그런 점이 너무 좋고 매력 있어요."

"좋은 언론인이 되고 싶다면 어느 한 매체의 뉴스만 맹신하면 안 돼요. 어디가 수준이 높은지 채점한다는 생각으로 다양한 매체의 뉴스를 읽어보세요. 그러면 좋은 기사와 나쁜 기사를 알아보는 안목이 생길 거예요. 저도 학창시절 외국의 뉴스와 국내 독재 치하에서의 뉴스를 비교해 읽곤 했는데 그 경험이 제 기자 생활에 많은 도움이 되었어요. 여러분도 다양한 매체의 뉴스를 비교하면서 좋은 뉴스를 분별할 수 있는 눈을 길렀으면 좋겠어요."

기자님은 비슷한 경험을 미리 한 멘토가 없어 늘 속상했다고 한다. 모든 것을 스스로 터득해야 했기에 젊은 날 실수도 많았다. 그래서 후배들에게 전해주고 싶은 메시지가 많다. "먼저 자기 자신에 대해 고민하는 시간을 충분히 가졌으면 좋겠어요. 그리고 인턴십을 통해 국내외 봉사 활동 등 최대한 많은 경험을 해보세요. 자신과 관련 없다고 생각하는 것도 일단 해보는 것이 좋아요. 주위의 말과 정해진 틀에서 벗어나 사고의 범위를 넓히고, 그 안에 자신의 주관을 가질 수 있어야 합니다. 나에게 다가오는 기회를 잡을 수 있는 순발력과 판단력도 길러야 해요. 기회는 자신도 모르는 사이에 왔다가 가버릴 수 있거든요."

외신기자로 살아온지 벌써 24년! 우리보다 앞서 개척자의 길을 열어준 조주희 기자님께 감사함을 느낀다. 여전히 새롭게 꿈꾸고 도전할 수 있다고 믿는 기자님은 더 나은 인생을 위해 자기 자신을 발전시키고자 하는 현명한 욕심을 '아름다운 욕망'이라고 부른다. "자신의 인생을 어떻게 이끌어 가느냐에 따라 지금보다 더 나은 인생을 살 수 있다고 믿어요. 아름다운 욕망을 꿈꾸며 자신의 길을 넓히고 가꾸길 바랍니다!"

Interviewer 권혁준

PROFILE

조 주 희 이화여자대학교 정치외교학과 1학년을 마치고 미국 워싱턴 D.C.로 유학, 조지타운대학교에서 국제정치외교학 학사와 석사 학위를 받았다. CNN 서울에서 통역사로 활동, CBS 워싱턴 D.C. 지국에서 인턴십을 거쳤다. 졸업 후 ABN에서 경력을 쌓고 1999년부터 워싱턴 포스트 서울 특파원과 ABC뉴스 한국 지국장을 겸임했다. 2003년에는 KBS <시사투나잇>을 진행하며 연세대 신문방송학과 강사로 활동하는 등 방송과 신문, 대학계를 누빈 글로벌 미디어 전문가로 인정받았다. 현재 ABC뉴스에서 뽑은 전 세계 7명의 글로벌 특파원 중에 한 명으로 한국과 일본, 중국 등 아시아 전체를 담당하고 있다.

기자

Who

**무슨 일을 할까
궁금해**

사회 각지에서 일어나는 각종 소식과 정보들을 언론 매체를 통해
세상에 알리는 역할을 해요. 방송사, 신문사, 통신사 등에 속해
활동하며 취재 분야에 따라 정치, 경제, 스포츠, 연예, 의학 전문
기자 등으로 나누기도 해요.

**기자의
절대 '매력'**

일단 지루할 틈이 없어요. 매일 사건이 터지잖아요. 매일
취재해서 기사를 쓰고, 보도하는 틀은 똑같지만, 그 안을 채우는
내용은 날마다 달라요. 어제까지는 이 정보를 몰랐지만, 오늘
취재를 하면서 새로운 정보를 알게 돼요. 이처럼 계속 경험하고
공부하는 직업이 기자예요. 보통 사람은 접하기 어려운 현장이나
사람을 만날 수 있는 것도 기자라는 직업의 특권이에요.
롯데월드타워 같은 경우, 짓고 있는 동안 일반인은 123층에
못 올라가잖아요. 기자들은 많이 가요. 헬리콥터도 탈 수 있고,
아무나 들어가기 힘든 행사에도 취재를 위해 들어가죠. 만나기
어려운 연예인, 정치인, 유명인을 만날 수 있다는 점이 기자의
즐거움이에요.

**쉬운 일은 없어!
알아둬야 할
기자의 세계**

쉴 틈이 없어요. 야근을 자주 하고, 사건이 터지면 밤낮없이
달려가야 해요. 물론 주말도 없죠. 다른 사람들은 모두
도망갈 때 기자들은 위험한 현장으로 달려가야 해요. 그게
기자정신이니까요. 큰 사건을 취재할 땐 위협을 받기도 하죠.
이런 걸 모두 극복할 수 있어야 진정한 기자가 될 수 있어요.
경찰서에 가면 작은 브리핑 룸이 있어요. 독서실보다 더 불편한
곳이죠. 기자는 그런 곳도 감수해야 해요.

★ ★ ★

How

**기자가
되려면?**

방송사, 언론사에서 실시하는 시험에 합격해야 해요. 이를
언론고시라고 불리는데요, 대규모로 채용하는 경우가 많지
않아서 경쟁률이 치열하기 때문이에요. 보통 서류심사,
필기시험, 면접 순으로 이루어지는데 방송기자는 추가적으로
카메라테스트를 통해 순발력과 언어구사력을 테스트해요.
기자가 되려면 먼저 이해하기 쉽고 편견 없이 기사를 쓸 수 있는
글쓰기 능력과 사회 현상을 정확히 이해하고 객관적으로 분석할
수 있는 능력이 필요해요. 다양한 사회현상이나 정보에 대해
언제나 호기심을 가져야 하고 적극적인 태도와 사고방식, 정의감,
공정성, 그리고 많은 사람들과 인터뷰를 해야 하기 때문에
효과적인 의사소통 능력도 반드시 갖추어야 해요.

**관련
전공학과는?**

인문대학이나 사회과학대학 출신들이 많아요. 하지만 전공이
꼭 중요한 건 아니에요. 오히려 특수한 전공이 도움이 될 수도
있어요. 기상학을 전공했다면 기상 전문 기자를 할 수 있고,
회계사 자격증이 있다면 기업 취재에서 발군의 실력을 발휘할 수
있어요. 실제 의학 전문 기자들은 의대를 졸업하고 의사 자격증을
가진 사람들이에요

**미래 전망은
어떨까?**

종이 신문이 점점 사라지고 있어요. 요즘 뉴스는 지면, PC를 거쳐
모바일로 전달매체가 거의 옮겨왔어요. 신문과 방송, 통신과
인터넷 등 미디어 영역 간의 경계가 허물어지고 있는 셈이죠.
여전히 방송 3사와 신문사의 영향력은 크지만, 1인 미디어도
계속 늘고 있어 신규 인력 채용은 제한적일 것이라고 생각돼요

패션 디자이너 황재근

끈기와 열정으로 성공을 일구다

가면 디자이너로 인생 반전

이윽고 출연자가 가면을 벗자 시청자들은 탄성을 지른다. 상상할 수 없
는 반전의 얼굴이 드러났기 때문이다. 음악 서바이벌 프로그램 '복면가
왕'에서는 가수뿐 아니라 방송인, 개그맨, 배우, 스포츠 스타 등 분야
를 막론한 각양각색의 출연자들이 가면을 쓰고 무대에 올라 오직 노래
실력만으로 평가받는다. 최고의 인기를 누리고 있는 복면가왕이 다른
예능과 차별화될 수 있었던 배경에는 가면이라는 아이템의 힘이 컸다.

'화생방실 클레오파트라', '노래왕 퉁키', '매운맛을 보여주마 고추아가씨', '꽃을 든 꽃게' 등 재치 있는 이름만큼이나 재기 발랄한 모양의 가면은 '복면가왕'의 꽃이라 해도 과언이 아니다. 바로 그 가면 뒤에 개성 만점 가면 제작자인 디자이너 황재근 선생님이 있다.

"제 인생은 복면가왕 전과 후로 나뉘어요. 가면은 프로그램에서뿐만 아니라 제 인생도 반전시켜 주었죠. 가면 덕분에 유명해지고 빚더미에서도 벗어날 수 있었으니까요!"

특유의 조근조근한 말투로 복면가왕 이야기를 꺼내는 황재근 선생님은 민머리에 뾰족한 수염, 화려한 안경까지 텔레비전에서 본 모습 그대로 우리들의 시선을 완전히 사로잡았다. 가면을 만드는 디자이너로 잘 알려진 황재근 선생님은 '마이 리틀 텔레비전', '나 혼자서 산다', '비정상회담' 등 다양한 프로그램에 출연해 화제를 모은 핫한 방송인이기도 하다. 인상적인 외모와 거침없는 입담 등 텔레비전에서 보여준 재미있는 모습 뒤엔 어떤 반전이 숨어있을까? 인터뷰는 그림 그리기를 잘 했던 어린 시절 이야기부터 시작되었다.

컬러풀하고 화려한 그림을 좋아했던 소년

황재근 선생님은 5남매의 막내로 태어났다. 공부 잘하는 형과 누나들 틈에서 공부 대신 유일하게 취미를 붙인 게 그림이었다고 한다.

"잘 그린다는 칭찬에 신이 났어요. 대회에 출품하면 상을 받아오고 교실 게시판에도 늘 제 그림이 걸렸었죠." 한번은 국제 대회에서 상을 받았는데 일제 크레파스가 상품으로 와서 너무 기뻤다고 한다. 12색 크레파스로 그림을 그리던 어린 소년에게 선명한 컬러의 48색 크레파스는 그야말로 꿈같은 상품이었다. "그때도 컬러풀하고 화려한 것을 좋아했어요. 제 단풍 그림을 보고 불난 거 같다고들 했으니까요."

짧은 머리에 염색이라도 할라치면 정학을 맞을 정도로 엄격했던 그 시절, 획일화된 복장을 입고 주구장창 공부만 해야 했던 학창시절에 위로가 되는 것은 오로지 미술반 활동, 그림이었다. 말수가 적고 내성적이었던 선생님은 주변에서 그림 좀 그만 그리라고 말릴 정도로 그림 그리기에 몰두했다. 공식으로 똑같은 답을 유추해내는 수학을 유독 싫어했는데, 수학시간이면 혼자서 조용히 그래프 곡선에 그림을 덧대어 온갖 형상을 그리곤 했었다.

"시험지에 나온 수학 곡선 그래프를 공작새로 그려서 내기도 했어요. 빵점 맞았죠. 근데 지금도 그게 영감이 돼요. 수학공식의 곡선 같은 걸 디자인에 대입해 보기도 하죠. 전 그래요. 모든 걸 잘할 수 없다면 그 시간에 더 잘할 수 있는 걸 생각하는 게 좋잖아요. 학창시절 때부터 워낙 답습하는 걸 싫어하고 혁신적인 걸 좋아했어요. 지금은 가면을 통해서 그런 부분을 많이 채운 것 같아요."

옷에 대한 열정이 남달랐던 어머니

가면 디자이너로 친숙하게 알려졌지만 가면만 디자인하는 건 아니다. 선생님은 세계 3대 패션스쿨 중 하나인 벨기에 앤트워프 왕립 예술학교를 한국인 최초로 졸업한 엘리트 패션 디자이너다. 어렸을 때부터 화가를 꿈꾸었지만 결혼 전 양장점을 하던 어머니의 영향이 어린 소년의 삶에 서서히 배어들었다. 줄자, 재단가위 등 어머니의 옷 만드는 도구들을 장난감 삼아 놀았는데, 한 번은 옷감을 자르던 커다란 쇠가위로 색종이를 자르다가 야단을 맞았던 기억이 아직도 생생하다.

옷을 수선하거나 만드시던 어머니의 모습도 굉장히 익숙한 장면이다. "제가 막내라서 늘 형들이 입었던 헌 옷을 물려 입었어요. 어느 날은 오래되어 무릎이 해진 청바지를 물려받게 되었어요. 저는 어머니께 덜렁거리는 뒷주머니를 떼어 구멍 난 무릎에 붙이면 어떻겠냐고 했죠. 어머니는 제 의견을 흔쾌히 받아들여 수선을 해주셨는데 교육자인 아버지는 뒷주머니를 왜 앞에 붙였냐면서 나무라셨어요. 그 청바지를 입고 학교에 갔을 때 애들이 막 쳐다보던 게 지금도 생각나요. 그때부터 제가 패션 디자이너의 기질이 있었나 봐요."

멋쟁이였던 어머니는 옷에 대한 열정과 사랑이 굉장했다. 형편이 넉넉하지 않아 자녀들 옷을 물려 입힐지라도 새 옷을 살 때만큼은 어머니의 눈썰미가 반짝거렸다. 의미 있는 옷은 평생 간직할 정도로 애착이 강했는데, 돌아가신 뒤 옷장을 열어 보니 어린 시절부터 결혼할 때 입었던 옷 등 어머니가 살다간 시대가 고스란히 보일 정도였다.

어머니는 특별한 날 옷 선물을 해드리려 하면 굉장히 까다롭게 고르고 맘에 드는 게 없으면 원단을 끊어서 직접 디자인해서 입기도 했다.

"디자이너가 되고 보니 그런 어머니의 맘이 이해가 갔어요. 제가 어머니의 기질을 그대로 닮은 것 같아요."

홍익대 도예과에서 미의 기초 닦아

선생님은 홍익대학교에서 도예를 전공했다. 원래는 회화를 전공하고 싶었지만 막상 대학교에 들어갈 즈음엔 평면적인 것보다 입체적인 것에 끌렸다고 한다. 시험 점수도 회화과에 지원하기엔 불안한 면이 있어 도예과에 안정적으로 지원했다.

"도예과에서 3차원적인 공부를 하면서 입체적인 것에 관심이 더 커졌죠. 그런데 도예란 개인 작업이다 보니 너무 혼자만 해요. 다른 사람과 커뮤니케이션이 적었습니다. 대학에서 제 작품을 설명하면서 비로소 말문이 터진 저는 보다 많은 분야의 사람들과 소통하고 싶었어요. 그런 분야가 어떤 것일까 하다가 자연스럽게 패션이 생각났어요."

1학년 말 패션 디자이너가 되고 싶다는 생각에 학교를 그만두어야 할까 고민이 깊었던 선생님은 군 입대를 한 뒤에도 매일 저녁 패션쇼에 관한 자료를 찾았다. 하지만 원경환 지도교수님은 도예도 패셔너블하게 표현할 수 있으며 패션 디자인의 기초가 될 수 있다고 설득했다. 그래서 도예와 함께 패션 디자인에 도움이 되는 과목을 다양하게 듣게 되었고 패션을 좋아하는 친구들과 어울려 패션쇼를 하면서 대학시절을 알차게 보냈다. "의상디자인을 전공한 것보다 미적인 기초를 넓게 닦을 수 있었다고 생각해요." 실제로 도예에서 좋아했던 독특한 수작업들은 이후 황재근 선생님의 디자인에서 트레이드마크가 되었다.

한국인 최초로 앤트워프 왕립예술학교 졸업

선생님은 홍익대 도예과 재학 시절 미술 학원 강사, 출판사 삽화 작업, 의류 홍보 모델 등 하루도 쉬지 않고 아르바이트를 했다. 넉넉하지 못한 집안 사정 때문에 등록금, 재료비 거기에 유학자금까지 스스로 마련해야 했기 때문이다.

졸업 후 혁신적인 디자이너들을 배출한 학교를 찾아 벨기에의 '앤트워프 왕립예술학교'로 유학을 떠났다. "그 당시 그 학교 출신 디자이너들이 세계를 휩쓸고 있었고 졸업한 한국 학생이 한 명도 없었기에 제 도전 욕구를 불러일으켰던 것 같아요. 게다가 학비도 쌌죠. 선택의 여지가 없었어요."

선생님은 그곳의 커리큘럼이 가혹하리만치 혹독했다고 회고한다. 최고의 실력자만 걸러내기 위한 스파르타식 교육방식 때문에 친구끼리,

앤트워프 왕립예술학교 유학시절.

전 학년끼리도 경쟁이 치열했다. 본인의 개성을 최고의 강점으로 치기 때문에 트렌드를 따라가거나 누구의 것을 베낄 수도 없었다. 나름대로 미적인 기초를 많이 다졌다고 생각한 선생님도 학교생활이 굉장히 힘들었다고 털어놓는다. "제가 '어떻게 이런 것까지 했지' 할 정도로 숨겨진 제 능력을 다 꺼내어 보여주었어요. 한국에는 이런 학교가 드물죠." 고달픈 유학생활로 병원에 한 달간 입원할 정도로 몸이 많이 아팠고 비자 문제로 불법 체류자 신분이 되어 공부를 중단할 위기도 겪었다. 그래도 선생님은 포기하지 않았다. "전 물리적으로 어쩔 수 없는 경우

유학시절 창의적인 디자인과 옷 만들기에 몰두했던 황재근 디자이너의 방.

가 아니고는 스스로 포기하지 않아요. 제가 나름 능력도 인정받았는데, 다만 돈이 없고 아프고 외롭다고 그만두고 싶진 않았죠. 거기까지 얼마나 힘들게 갔는데요. 2007~2008년 시즌에 저와 다른 한 명, 그렇게 두 명이 한국인 최초로 졸업했고 그 이후에 3명이 졸업했어요. 거기가 얼마나 힘들고 어려운 곳인지 알 수 있죠. 그래서 졸업했을 때 많이 뿌듯했던 기억이 나요."

고단하고 외로웠던 유학생활, 선생님을 지탱해준 것은 항상 자신을 믿어주는 어머니였다. 결혼 전 양장점을 운영했었던 어머니는 당신의 꿈을 이어가는 아들을 자랑스러워했다. 그런 어머니가 졸업을 1년 앞두고 돌아가셨다. 청천벽력 같은 소식이었다. 하지만 비행기 표 살 돈을 구하느라 장례식이 다 끝난 뒤에야 한국에 겨우 올 수 있었다. "집은 그대로인데 엄마는 안 계시고 사진만 있는 게 너무 슬펐어요." 무엇을 위해 이렇게 공부해야 하는지 멘탈 붕괴가 왔던 선생님은 모든 것을 포기하고 싶었다고 한다. 그때, 큰형이 조의금 봉투를 건넸다. 누나들도 유학을 무사히 마치고 패션 디자이너로 돌아오라며 어머니가 모아두신 비상금을 쥐여주었다.

다시 몸이 부서져라 노력해 무사히 학교를 마친 선생님은 오로지 1등 우승자만 선정하는 유럽 패션 경진대회에 나가 상을 받을 정도로 디자이너로서 인정받았다. 한국에 돌아와 국내 대기업 패션 회사에 디자이너로 당당히 취직했지만 독특한 디자인 세계를 추구해온 선생님께는 대중적인 옷을 디자인한다는 게 맞지 않아 그만두었다. 유명한

황재근 디자이너의 독특한 감성이 살아있는 패션브랜드, 제쿤.

학교를 졸업한 덕분에 여기저기서 강의 요청이 들어왔다. 내친김에 교수가 되는 건 어떠냐는 제안이 들어와 박사 시험을 준비했는데 그때 함께 했던 지인으로부터 디자인 서바이벌 프로그램인 '프로젝트 런어웨이'에 나가보라는 제안을 받았다.

2013년, '프로젝트 런어웨이 코리아 시즌 3'에 출연한 선생님은 독특한 의상과 유니크한 제스처로 방송 제작자들과 시청자들의 관심을 한 몸에 받으며 '프로젝트 런어웨이 코리아 올스타즈'에서 우승을 차지했다. 1억 원의 상금을 거머쥔 선생님은 자신만의 브랜드를 만들어 보고 싶었다. 상금으로는 모자라 여기저기서 대출을 받아 사업을 시작했지만 결과는 참담했다. 연예인들도 빌려만 입을 정도로 대중성이 떨어지다 보니 판매가 부진했던 것이다. 결국 선생님은 사무실을 철수하고 빚 독촉에 시달려야 했다.

절망에 빠졌을 때 만난 가면 디자인

절망에 빠져있던 그때, 생각지도 못했던 예능 프로그램에서 가면 의뢰가 들어왔다. 바로 MBC '일밤-복면가왕'이었다. "모르는 번호로 전화가 계속 와서 안 받았는데 문자가 와서 '복면가왕' 팀이라고 하더군요. 너무 급하다고 사정을 하기에 다음날 MBC에 가서 미팅했는데 이번엔 테스트해 보게 샘플을 만들어오라고 했어요" 벨기에 엔트워프 왕립

예술학교를 졸업해 자신의 브랜드를 가진 소위 '엘리트' 디자이너인 선생님은 "이런 식으로 일해본 적이 없다"라고 말해봤지만 소용이 없었다. 게다가 제작진은 선생님이 만들어온 샘플에도 이런저런 의견들을 덧붙였다. "만들어 가면 자꾸 뭐라고 하니까 오기가 생겨 더 완벽하게 하려고 노력했어요." 자존심이 상한 선생님은 고민할 새도 없이 복면 디자인에 열정을 다했고, 그렇게 두 번의 녹화를 끝낼 즈음 제작진의 신뢰를 받기 시작했다.

"제가 의상 디자이너이지만 모자나 헤어피스, 액세서리에도 관심이 많은데 그 점이 도움이 된 것 같아요. 빠듯한 일정도 있었지만 저도 이 복면이 제 작품이라고 여기고 공을 많이 들였죠."

무일푼에 사무실도 없었지만 고품질의 가면을 만들고 싶어 친구들에게 가면 제작비를 빌리기도 하고, 원단 샘플 카탈로그에 붙어있는 작은 조각조각을 잘라 붙여가며 가면을 만들기도 했다. 재미있는 작업이긴 했지만 사례가 없어서 만들어가는 과정이 만만치는 않았다. "무조건 멋있게, 돋보이게 만들고 싶었는데 어느 날 PD가 그러더라고요. 가면이 노래를 돋보이게 했으면 좋겠다고요. 속으로 '가면을 후지게 만들란 소린가?' 생각했죠." 시간이 흐르고서야 노래를 돋보이게 했기 때문에 가면의 가치가 더 커졌다는 걸 알게 된 선생님은 제목은 '복면가왕'이지만 '가왕의 복면'이라는 마음으로 제작에 임하면서 프로그램의 완성도에 일조할 수 있었다.

"결국 가면에 대한 반응이 가장 뜨거울 때는 저와 제작진이 원하는 게

딱 맞아떨어질 때였어요. 특히 가수 김연우 씨가 썼던 '화생방실 클레오파트라' 가면은 저도 심혈을 많이 기울였고, 제작진의 의견도 적극 반영했더니 '복면가왕' 이래 최고라는 찬사를 받았죠."

요즘은 선생님이 많이 바빠서 직접 만드는 부분이 예전보다 줄어들긴 했지만 녹화할 때는 방송국에 하루 종일 붙어 있는다. 현장에서 갑자기 수정을 하거나 상황에 따라 변화가 생길 수도 있기 때문이다. 물론 대처 방법도 가이드라인을 만들어놨지만 그래도 다들 불안할 수 있기에 현장에는 항상 있는 편이다. "어느 디자이너가 자기 일 다 제쳐두고 방송국에 하루 종일 붙어있겠어요. 그렇지만 전 해요."

대중성보다는 독창성

그동안 패션 디자이너로서 아주 유명하지도 않았고 많이 팔리는 옷을 만들지도 못했지만 그럼에도 불구하고 언젠가 다시 브랜드를 만들 수 있도록 샘플 의상을 계속 제작하고 있다.

"한번 사는 인생 원하는 것을 해보고 싶어요. 전 돈 잘 벌리는 상업적인 디자인보다 독창적인 디자인에 재능이 있어요. 그렇기 때문에 가면이나 다른 것도 할 수 있는 거죠. 의상뿐 아니라 안경, 신발, 인테리어 다 관심이 있어요. 쉽게 말해 라이프스타일 디자이너가 되고 싶어요."

가면을 만들면서 톡톡 튀는 아이디어를 인정받은 선생님은 여러 곳에서 독특한 디자인에 대한 의뢰를 받고 있다. "처음 가면을 디자인한다고 했을 때 사람들이 그랬어요. '그걸 누가 사기나 해?', '누가 써?'라고요. 하지만 저는 가면을 디자인했고 그것으로 성공을 이끌어내었죠. 이제 디자인에 대한 저의 아이디어만으로도 돈을 벌고 있어요. 덕분에 사업으로 진 빚도 다 갚고 집도 사서 멋지게 꾸몄어요. 가면 덕분에 인생 역전한 거죠! 여러분도 조금 무모해 보일지라도 도전하는 용기를 가졌으면 좋겠어요."

선생님은 앞으로도 돈을 벌기 위해 회사 규모를 크게 키울 생각은 전혀 없다고 한다. 대중적인 디자인으로 대량 판매하는 것보다는 규모가 작더라도 자신만의 특징이 있는 독특한 디자인 작업을 지속할 계획이다.

성공하려면 인내심을 키워라

그동안 수없이 실패를 맛봤고 지독한 생활고에 시달리기도 했던 선생님. 화장실도 없는 판자촌에도 살아봤고 찜질방, 만화방을 전전하기도 했다. 굉장히 힘들었지만 한순간도 디자인을 놓지 않은 것은 오로지 '더 나아지기 위해서'였다고 한다. "힘들 때는 한 줄에 1천 원 하는 김밥 세 줄로 아침, 점심, 저녁을 해결한 적도 있었어요. 그러다가 여윳돈이 생기면 '내일은 라볶이를 먹을 수 있겠다'라고 생각했죠. 내일은 더 긍정적이고 희망적이길 바랐기 때문에 좀 더 구체적인 목표를 가질 수 있었던 것 같아요."

지독하게 힘든 시간을 보낼 때 벌써 성공해서 돈을 잘 버는 친구들이 주변에 많았다. 하지만 선생님은 인생을 길게 보고 자신의 독특함을 놓지 않으려고 끈질기게 노력해왔다.

"성공하려면 인내는 기본인 것 같아요. 지금 여러분 나이 때에 배워야 할 것들 혹은 도전하고 해내야 될 것들이 있잖아요. 무엇을 하든 참을성과 끈기를 가졌으면 좋겠어요. 요즘 학생들은 와서 마음에 안 들면 그냥 하루 만에 그만두는데 그렇게는 절대로 성공할 수 없어요. 특히 패션은 더 그래요."

패션 디자이너는 겉으로는 화려해 보이지만 그 화려함을 만들기 위해 수없는 노력과 시행착오를 겪어야 한다. 분야가 굉장히 세분화되어 있기에 일의 과정도 그만큼 복잡하다. 그런데 그 모든 분야를 아우르며 처음부터 끝까지 컨트롤해야 하는 사람이 디자이너다. 그냥 그림만 잘 그린다고 옷이 나오는 것이 아니다. 아무리 개인적인 재능이나 영감이 뛰어나다 해도 여러 사람들과 협업하면서 참을성 있게 밀어 붙이는 자세가 준비되어 있지 않으면 아무 소용이 없다고 힘주어 말한다.

지금까지 쉼 없이 달려오기만 한 황재근 선생님은 집에서도 사무실에서도 디자인과 관련된 일과 생각으로 꽉 차있다고 한다. 주변의 모든 것에서 영감을 받으며 끊임없이 기록하고 생각하느라 퇴근이 따로 없었다. 이제는 건강관리와 운동 등 디자이너가 아닌 인간 황재근의 삶도 챙겨보고 싶다고 슬며시 털어놓는다. 자신만의 독특한 세계를 펼쳐가는 디자이너 그리고 즐거움을 주는 방송인으로도 오래오래 함께 할 수 있기를 기대해본다.

Interviewer 권혁준, 김수현, 이채린

PROFILE

황재근 홍익대학교 도예과 졸업 후 벨기에로 유학, 앤트워프 왕립예술학교 패션디자인과를 졸업했다. 온스타일 <프로젝트 런어웨이 코리아 시즌3>에 출연한 뒤 온스타일 <프로젝트 런어웨이 코리아 올스타즈>에서 우승을 거머쥐었다. 2015년부터 복면가왕의 가면 디자이너로 활동 중이며, 독특한 패션 브랜드 <제쿤> 운영, MBC <라디오스타>, MBC <나 혼자 산다>, JTBC <비정상회담>, MBC <마이리틀텔레비전> 출연 등 패션 디자이너 겸 방송인으로 활동하고 있다. 2006년 <유럽 패션 경진대회> 우승, 제 23회 <대한민국 문화연예대상 신인 디자이너상>을 수상했다.

패션 디자이너

---- *Who* ----

**무슨 일을 할까
궁금해**

패션 디자이너는 직물, 가죽 등 다양한 소재를 이용해 우리가
입을 수 있는 옷을 디자인해요. 이들은 국내외의 패션 흐름을
분석하고, 시장조사를 거쳐 계절에 맞는 상품을 기획합니다.
유행의 흐름, 브랜드 이미지, 상품성 등 다양한 요소를 고려하여
디자인하고, 필요한 원단을 선정하고 무늬 작업을 한 뒤, 가봉을
거쳐 샘플을 만들어요. 샘플은 회사 내부 검토를 거쳐 우수한
디자인으로 선정되면 대량생산에 들어가죠.
디자인한 대로 옷이 제작될 수 있도록 생산과정을 관리하는 것,
생산된 의류가 매장에서 돋보일 수 있도록 전시 방법을 고민하는
것도 디자이너의 업무예요. 신상품 전시회나 패션쇼에 자신의
의상을 발표하기 위해 행사를 기획하기도 하고, 자신이 디자인한
옷에 대한 소비자들의 반응을 파악하기 위해 백화점, 의류매장
등을 직접 돌아보기도 합니다.

**패션 디자이너의
절대 '매력'**

자신이 디자인한 옷을 누군가 입고 있다는 건 정말 상상 못할
기쁨이죠. 길을 가다 자신이 디자인한 옷을 입은 사람을 보면
얼마나 신기하겠어요? 자신의 결과물에 대해 대중이 인정해줄 때
일하는 보람을 느낄 수 있죠.

**쉬운 일은 없어!
알아둬야 할
패션 디자이너의
세계**

디자이너는 디자인만 하는 게 아니에요. 브랜드를 론칭하는 순간
비즈니스를 해야 해요. 마케팅이나 세금 같은 문제도 처리해야
하는 등 행정적인 일도 많아요. 비즈니스를 한다는 건 내가
좋아하는 일 외 부수적인 일도 잘 알고 해내야 한다는 거예요.
그런 일은 힘들어요. 자신이 선택한 일에 대한 책임이 따른다는
것은 알아야 해요.

★★★

How

**패션 디자이너가
되려면?**

디자이너는 아름다움에 대해 관심이 많고, 색채 감각이 뛰어나야
해요. 그리고 사람에 대한 관심도 필요한 직업이죠. 대학에서
전공을 하고, 기업에 취직하거나 일을 배운 후 자신의 브랜드를
론칭할 수도 있어요. 하지만 패션 디자이너가 되기 위해 꼭
대학이나 학원을 나와야 할 필요는 없어요. 모델을 하다가 건축을
하다가, 심지어 가수를 하다가 디자이너가 되기도 해요. 옷을
만드는 데 관심이 있고, 그 옷을 다른 사람에게 입히기 원한다면
디자이너가 될 수 있어요. 꼭 쇼를 통해서만 데뷔할 수 있는 것도
아니에요. 요즘은 소셜미디어 등 다양한 채널을 통해 브랜드를
널리 알릴 수 있어요.

**관련
전공학과는?**

패션 디자인을 공부할 수 있는 전공으로 의류학과, 의상학과,
의류직물학과, 의상디자인학과, 패션디자인학과 등이 대학에
개설되어 있어요. 교육과정에서 의상디자인에 대한 실기가 많은
부분을 차지합니다. 물론 상품으로서의 의상을 팔기 위한 전략도
배우게 되지요. 사실 교육기관도 짧게는 6개월부터 길게는 3년에
이르기까지 장·단기 과정으로 다양하게 운영되고 있어요.

**미래 전망은
어떨까?**

아름다움은 항상 사람들의 관심사예요. 그러니 패션의 열기가
식을 리 없어요. 현재 쇼핑은 오프라인보다 온라인으로 이뤄지고
있어 대기업은 브랜드를 축소하거나 통합을 추구하고 있어
기업에 소속된 고용은 확대되기 어려워요. 대신 개인이 창업할
수 있는 길은 여전히 열려 있죠. 개인의 가치, 공감을 중요하게
생각하는 시대이기 때문에 얼마든지 디자이너의 길을 걸어갈 수
있어요. 온라인 유통 비중이 높은 신진 패션업체를 중심으로 패션
디자이너의 활동이 상대적으로 활발한 것으로 보여요.

꿈의 멘토와 함께 한
감동의 시간!

지난 1년 6개월 동안 많은 분들의 도움으로 <미래의 별, 나를 만나다>가 세상의
빛을 보게 되었어요. 제일 먼저 우리들 방문을 허락하고 인터뷰에 응해주신 멘토
열다섯 분께 진심으로 감사드립니다. 또한 공동저자를 허락해주신 베스트셀러
작가 이랑 선생님께 깊은 감사를 드려요. 책이 나올 수 있도록 힘을 북돋아주신
심현주 담임선생님과 진로 담당 고애진, 김인호 선생님을 비롯한 서울고 선생님들께
감사드립니다. 뜻을 모아 꿈을 찾는 일을 같이 해준 기자단 친구들, 제 글을 재미있게
만들어 주신 정수정 편집장님께도 감사드립니다.

야구 선수 이승엽

투수로 입단한 95년도 당시, 이승엽 선수가 받았던
등번호 36. 당시 실력 있는 선수들이 받았던
낮은 번호가 아니었기에 의기소침했지만 결국
좋은 성적을 거두면서 36번은 한국 야구사에
영원히 남게 되었다. 실력이 있으면 본인의
편견과 징크스마저 뛰어넘는다는 말씀이 가장
인상적이었다. **박건우**

"나는 실패한 야구 선수다"라는 말씀은 좀
충격적이었다. 부상으로 원래 꿈이었던 투수를
접었기 때문이라고 한다. 실패와 절망 속에서도
새로운 희망을 찾아 끈기와 투지로 끊임없이
노력하는 모습! 이것이 바로 이승엽 선수가 성공한
인생의 비법이었다. **박도윤**

힙합뮤지션 타이거 JK

래퍼를 꿈꾸지만 부모님의 반대에 부딪혀
고민하는 친구들에게 우선은 공부를 열심히
하면서 부모님께 하고자 하는 의지를
보여드리라고 말씀하셨다. 미국에선 랩 가사를
잘 쓰는 사람 중에 소설가 헤밍웨이처럼 인정받는
분도 있고 재즈처럼 프리스타일을 잘 하는 사람도
있는데, 그러려면 학업과 봉사, 취미 등 다양한
경험을 쌓아 표현방법을 길러야 한다는 것!
학창생활을 열심히 하면서 틈틈이 랩 가사를 쓰다
보면 원하는 래퍼의 꿈도 이룰 수 있지 않을까?
권혁준

도지사 원희룡

가난한 유년 시절에도 좌절하지 않고 자신이
처한 환경을 개선하기 위해 공부를 하셨고,
우리나라 '원조 공부의 신'으로 어떤 시험이든
수석을 놓친 적이 없던 도지사님! 공부를 잘할
수 있는 자신만의 비법을 우리들 눈높이에 맞춰
공개해 주시는 친절함에 감동받았다. 정치인과
도지사로서의 소신과 소통을 중요시하시는 모습
그리고 강력한 추진력이야말로 도지사 연임을
가능케 한 힘이 아닐까 하는 생각이 든다.
권혁준

설치미술가 강익중

아무리 좋은 지도가 있더라도 내가 서 있는 위치를
모르면 쓸모가 없듯이, 내가 어디에 서 있는지
그리고 어디로 가는지 고민을 하는 것이 예술이고
철학이라고 하셨다. 남이 쓴 철학책을 많이
읽는다고 철학자가 되는 것이 아니며, 아무리 작고
보잘것없는 창문이라도 내가 만든 창문을 통해
나의 눈으로 세상을 보는 것이 철학이라는 말씀에
찡한 울림을 느꼈다. 선생님과의 인터뷰를 통해
10년, 20년 후 미래의 내 모습을 그려보게 되었고
그러면서 오늘 내가 무엇을 해야 할지 생각해보는
감사한 시간을 갖게 되었다. **권혁준**

웹툰 작가 주호민

취재와 공부로 쌓은 탄탄한 내공을 바탕으로
작품을 그려내듯, 들려주시는 이야기 구절마다
재미와 감동이 가득했다. 웹툰 작가가 되려면
일단은 그려야 한다고 하셨는데, 이때 그냥 그리는
게 아니라 '이건 내 인생작이야'라는 마음가짐으로
완결할 것을 강조하셨다. 한번 작품을 완성하고
나면 많은 것을 배우고 얻을 수 있기 때문이다.
작가 지망생들의 완성작을 기대하며 응원해주시는
모습이 작가님의 웹툰처럼 따듯했다.

이채린 〞

건축가 백준범

건축가는 예술적 감성만을 표현하는 사람이
아니라 건축을 맡긴 고객, 주변 자연환경, 예산
및 자재 공급 등 상황을 모두 고려하며 최적의
완성품을 만들어가는 사람이라고 하셨다.
그렇기에 건축가는 건축 과정의 모든 사람들이
서로 소통을 잘 할 수 있도록 조율해야 한다. 결국
'활발한 소통'이야말로 건축가에게 있어 최고
미덕이 아닌가 한다. 모든 일에 가장 중요한 것은
개인 능력의 빼어남이 아니라 협업과 소통이라는
것을 다시 한 번 깨닫게 됐다.

김수현 〞

작가 조승연

오늘 사장 승진이 되었어도 가족과 다투어
우울할 수도 있고, 가진 것 없어도 날씨가 맑아서
즐거움을 느낄 수 있다고 하셨다. 한 번뿐인 인생
성공하면 물론 좋겠지만 성공 자체가 인생을
즐겁게 해주진 않는다는 것이다. 성공하지
못하더라도 얼마든지 즐겁게 살 수 있다는 말씀에
마음이 좀 편안해졌다. 중요한 것은 돈이 아니라
시간이고 시간은 계속 없어지기 때문에 어떤
타이밍에 무엇인가 해보고 싶은 것이 있으면 그냥
해보라는 말씀에 용기가 생겼다.

권혁준 〞

기업고위임원 미키김

입시생인 우리들이기에 선생님의 대학 선택과
가치관이 제일 와닿았다. 성적에 맞춰 원하는
학교의, 취업이 잘 안되는 낮은 학과로 갔지만
스스로 한계를 두지 않았다는 마인드가 멋져
보였다. 글로벌 비즈니스를 할 때 다양한 나라의
문화와 역사를 많이 알면 도움이 되겠다는 생각에
전공인 사학 공부도 열심히 하면서 부족한 면을
부지런히 찾아 채워나갔기에 오늘의 성공을 이룰
수 있었을 것이다.

이채린 🟣🟣

자동차 디자이너 이상엽

"어떤 상황에서도 멘토를 찾고 그와 함께
도전하는 재미에 푹 빠졌습니다." 상무님의
이 한마디가 멘토를 찾아 인터뷰를 다니는
우리들에게 큰 용기를 주었다. 우리들이 지금 하고
있는 이 작업이 훗날 우리 인생에 큰 변화를 몰고
오겠지! 다른 많은 친구들에게도 의미 있는 계기가
되면 얼마나 좋을까! "다섯 분의 국제적인 멘토를
통해 스스로 내공이 강해졌다는 상무님. 우리나라
자동차 디자인계에 멋진 혁신을 일으키길
기원합니다!"

이채린 🟣🟣

가상현실전문가 서동일

난생처음 가상현실 기기를 쓰고 게임을 했다.
너무나 실감이 났기에 나도 모르게 심장이
쿵쾅거렸다. 마치 영화관의 드라마틱한 화면
속으로 빨려 들어가 주인공이 된 기분이랄까!
그 환상적인 재미와 놀라운 몰입감은
그동안 평면적인 화면에서 보아왔던 것과는
차원이 달랐다. 비록 잠깐의 경험이었지만
가상현실이야말로 가까운 미래에 큰 부가가치를
일으킬 수 있는 혁신적인 기술이라는 말씀을
실감하게 되었다. 가상현실이 생산성과
비용절감을 극대화하게 될 날이 머지않았다!

권혁준 🟣🟣

슈즈 디자이너 김효진

의상 공부를 하다가 구두 디자인을 하게 된
과정에서 겪었던 다양한 경험들을 흥미진진하게
들었다. 또한 구두 디자이너의 매력에 대해서
더 잘 알 수 있게 되어 좋았다. 요즘 대학만을
목표로 하고 앞만 보고 달리는 경우가 많은데,
자기가 진짜 하고 싶은 일을 하면 열정이 생겨
잘 할 수밖에 없으니 자기가 하고 싶은 일을
찾아야 한다는 말씀에 큰 위로와 용기가 생겼다.
내가 정말 하고 싶은 일이 무엇인지 더 열심히
찾아야겠다. **김수현**

국악인 이희문

전통과 현대의 공존을 잘 보여주는 자기만의
방식으로 소리를 하는 선생님이 대단하게
느껴졌다. 선생님은 우리들의 질문 이외에도
자신의 이야기를 많이 들려주셨다. 그중에
"자기가 생긴 대로 살 때 가장 즐겁고 행복하다"는
선생님의 말씀은 나도 그런 삶을 살아야겠다는
다짐을 하게 만들었다. 어떤 틀에 고정된 삶보다는
도전도 하고 내가 하고 싶은 일을 하면서 사는 그런
인생을 살기 위해 더 노력해야겠다.
김수현

빅데이터전문가 장수진

4차 산업혁명의 핵심은 데이터! 인공지능도 가치
있는 빅데이터가 있어야 만들 수 있고 인공지능이
잘 만들어졌는지, 어떤 산업이 성공했는지도
빅데이터로서 판단할 수 있으니 데이터 없이는
혁명도 없다는 것을 알게 되었다. 미래에는
데이터를 잘 활용할 수 있는 사람이 최고의
인재가 될 것이다. "'일론 머스크' 같은 사람 한
명만 키워도 대한민국이 남부럽지 않게 잘 살 수
있는데 기여할 수 있다"면서 앞으로 인재 육성에
노력하겠다는 대표님이 존경스러웠다.
권혁준

외신기자 조주희

학교 신문사 기자로 일하고 있는 나의 편견이
바뀌는 계기가 되었다. 지국장님은 기자란 정확성,
객관성, 호기심을 바탕으로 더 바른 사회를 만들기
위해 서포트 해주는 사람이라고 하셨다. 세상을
바꾸고 싶어 기자가 되고 싶다는 청소년들이
많은데 만약 그런 정의감이 있다면 인권운동가나
정치인이 되라고 말한다. 기자는 어떤 사건에 대해
한 발짝 떨어져서 지식인들의 여러 주장을 듣고
개관적으로 정리해 많은 사람들에게 전달해주는
존재이기 때문이다. **권혁준**

패션 디자이너 황재근

인터뷰 날 황재근 선생님의 화려하면서도 독특한
차림새를 잊을 수 없다. 자기만의 뚜렷한 개성을
지녔다는 것은 큰 장점이지만 한편으로는 이런
독특한 개성 때문에 힘든 일도 많이 겪으셨다.
그래서 최근에는 대중성과 자기만의 색깔을
조화롭게 어울리도록 작업을 하신다고 한다.
나 혼자 돋보이자고 하는 것이 아니라 대중성을
바탕으로 나의 존재를 두드러지게 한다는 것은
대단한 일인 것 같다. "시련과 역경을 견디고
성공하신 선생님! 앞으로도 응원할게요. 파이팅!"
김수현

뜻깊은 책을 만드는 데
함께 해준 기자단

김수현 / 현대고등학교 3
박건우 / 풍문고등학교 2
박도윤 / 풍문고등학교 1
이채린 / 서문여자고등학교 3
차동근 / 서울미술고등학교 3

미래의 별
나를 만나다

초판　　　1쇄 발행　2018년 7월 27일

지은이　　　이 랑, 권혁준
자문위원　　이정희
펴낸이　　　김말주
책임편집　　정수정
디자인　　　더페이지커뮤니케이션 thepagecommunication.com
사진　　　　TUBE STUDIO
펴낸곳　　　드림리치
등록일자　　2014년 6월 30일
신고번호　　제 2014-000183
주소　　　　서울 서초구 서운로11, 619호
대표전화　　02-545-7058
팩스　　　　02-757-4306

ISBN　978-89-98584-17-7 43190